개념 잡는
생물과
생태계

**8가지 핵심 질문으로
빠르게 마스터하는
중학 과학의 기초!**

신나는 과학을 만드는 사람들
김지현, 이금오 지음

단번에
개념 잡는
생물과
생태계

1주제 1개념 8질문

1 손에 쏙 들어오는 **한 권의 책으로**

1 융합학문의 기초인 **교과 개념 하나를**

8 여덟 가지 **핵심 질문**으로 탄탄하게 마스터!

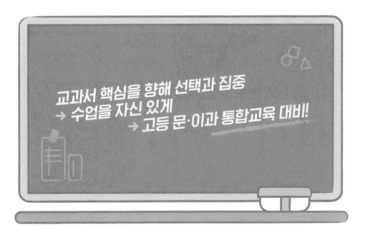

교과서 핵심을 향해 선택과 집중
→ 수업을 자신 있게
→ 고등 문·이과 통합교육 대비!

한눈에
주제와 개념을
파악할 수 있는

30초 **예습 퀴즈**

시작은 간단하게!
얼마나 알고 있나 OX 문제를 맞혀 보자

본문 속 형광펜으로 **정답 풀이!**

이것만은
알아야 할
키워드 학습

30초 **복습 퀴즈**

마무리는 단단하게!
확실히 알고 있나 주관식 문제를 풀어 보자

기본기를 높여 주는 **핵심 정리!**

 예습·복습 퀴즈 합쳐서 1 분

 총 16개 퀴즈로 8 분 개념 완성

이 책의 교과연계

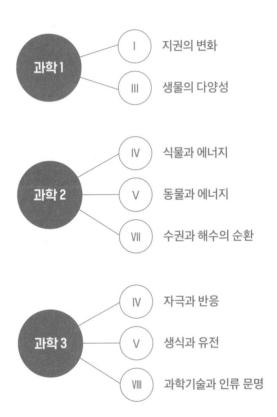

고등

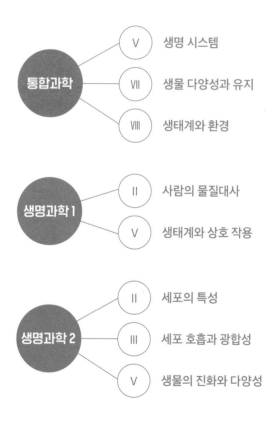

통합과학
- Ⅴ 생명 시스템
- Ⅶ 생물 다양성과 유지
- Ⅷ 생태계와 환경

생명과학 1
- Ⅱ 사람의 물질대사
- Ⅴ 생태계와 상호 작용

생명과학 2
- Ⅱ 세포의 특성
- Ⅲ 세포 호흡과 광합성
- Ⅴ 생물의 진화와 다양성

들어가며

지구에는 인간과 더불어 많은 생물이 살고 있습니다. 보이지 않는 세균부터 커다란 나무까지 지구는 어마어마하게 다양한 생물이 공존하는 터전입니다.

지구 생물은 환경에 다양한 방식으로 적응했습니다. 이 책은 과학 수업에서 배우는 소화, 순환, 호흡, 배설, 생식과 유전, 감각에 관한 기초 지식을 소개하고, 이를 바탕으로 생태계의 경이로움을 살펴봅니다. 일상에서는 만나기 어려운 생물들의 다양한 특징을 알아 가는 것이 이 책의 큰 재미입니다. 나아가 이 책은 여러분이 주변 환경을 바라보는 시야를 넓혀 줄 거예요.

책을 다 읽고 나면 작은 벌레, 개구리, 나무 등이 달리 보이고, 자연을 탐구하고자 하는 호기심이 커질 것입니다.

더불어 이 책은 오늘날 생태계가 어떤 위기에 처해 있는지 살펴봅니다. 폭설이나 폭우, 한파, 폭염 등 6차 대멸종의 징후가 세계 곳곳에서 보이고 있습니다. 과거 지구에는 다섯 차례의 대멸종이 있었습니다. 그런데 앞선 대멸종의 원인이 화산, 소행성 충돌 등 외부 환경에서 비롯한 것이었다면 6차 대멸종의 원인은 다름 아닌 인간입니다. 무분별하게 숲을 파괴하고 생물을 죽이는 인간의 활동은 지구 온도를 높이고 생태계의 균형을 깨뜨렸습니다. 지구가 생물이 살 수 없는 곳이 된다면 인간도 재앙을 피해 갈 수 없습니다. 책을 읽으며 지구를 위해 우리가 할 수 있는 일들을 고민해 봅시다.

"내일 모든 인간이 사라지더라도 인간의 몸에 기생하는 생물 말고는 어떤 종도 멸종하지 않는다."

저명한 사회생물학자 에드워드 윌슨이 한 말입니다. 이 책을 통해 생물 다양성의 가치와 중요성을 깨닫고, 인간 중심의 사고방식에서 벗어나 다양한 생물과 더불어 살아갈 방법을 고민하고 작은 행동이라도 실천하는 기회를 얻길 바랍니다.

지구에는 얼마나 다양한 생물이 있나요?

30초 예습 퀴즈

생물의 기원에 대해 얼마나 알고 있는지 OX 문제를 풀어 보세요.

❶ 최초의 생명체는 약 46억 년 전부터 살기 시작했다.   (O , X)

❷ 지구 생물의 공통 조상을 '루시'라고 한다.   (O , X)

❸ 가장 오래된 생물 화석은 스트로마톨라이트다.   (O , X)

❹ 지구의 생물종은 지금도 새롭게 발견되고 있다.   (O , X)

❺ 생물은 그 생물이 사는 환경에 따라 오랜 세월을 거쳐
조금씩 특징이 달라진다.   (O , X)

어릴 적 한 번쯤은 식물원이나 동물원, 아쿠아리움에 가본 경험이 있죠? 신기하게 생긴 다양한 종류의 식물과 동물에 놀라며 신나게 구경하던 추억이 떠오를 것입니다. 추억은 잠시 접어 두고 대한민국을 벗어나 지구 전체로 눈을 돌려 봅시다. 지구 전체에 분포하는 생물의 종류는 얼마나 될까요? 또 언제부터 이렇게 많은 종류의 생물이 지구에 살게 되었을까요?

미국항공우주국(NASA)에서 만든 탐사선 보이저 1호가 우주에서 찍은 사진을 보면 지구가 '창백한 푸른 점'처럼 보입니다. 우주의 나이는 약 138억 살로 추정하며, 지구의 나이는

46억 살 정도입니다. 우주 속 작은 행성인 지구에 언제부터 생물이 살기 시작했을까요?

뜨겁게 끓어오르던 원시 지구

❶ 지구에 생물이 나타난 시기는 지금으로부터 약 39억 년 전입니다. 46억 년 전 지구가 탄생한 후 7억 년이 지난 시점이죠. 왜 지구가 생기고 나서 바로 생물이 살지 못했을까요?

40억 년 전까지 엄청나게 많은 운석이 지구에 떨어졌습니다. 운석이 떨어지는 충격 때문에 땅속에서 뜨거운 마그마가 나와 지구 표면은 펄펄 끓고 있었어요. 그래서 생명체가 절대 살수 없는 환경이었죠. 운석의 대폭격이 점차 잦아들자 지구 표면의 온도는 점점 식어 지각이 만들어졌습니다. 39억 년 전에는 구름이 많은 비를 뿌려 드넓은 바다가 생겨났어요. 원시 지구의 대기를 이루던 수소와 헬륨은 가벼워서 쉽게 지구 밖으로 날아가 버렸고, 지구 내부의 물질이 서로 부딪혀 수증기, 이산화 탄소, 질소, 암모니아 등으로 이루어진 대기가 만들어졌습니다. 생명체가 탄생하는 데 매우 중요한 조건이 갖추어진 것이죠.

그러나 정확히 어떤 과정을 거쳐 생명체가 만들어졌는지는 지금까지도 밝혀지지 않았습니다. 과학자들은 원시 지구환경을 토대로 다양한 가설을 내놓고 있지만 모두 한계점을 가진 불완전한 주장입니다.

모든 생물의 공통 조상은?

지구에 처음 나타난 생명체는 세포 1개로만 이루어진 단세포 생물입니다. 현미경으로 봐야 겨우 보일 정도로 매우 작죠. 원시 생명체는 열악한 원시 지구환경에 적응하지 못해 생겼다 없어지기를 수없이 반복했을 것입니다. 그중에서 살아남은 것이 바로 **루카**입니다. ❷ 루카는 모든 생물의 공통 조상(Last Universal Common Ancestor, LUCA)이라는 뜻을 가진 영어의 약자예요. 과학자들은 현재 지구에 살고 있는 모든 생물이 이 루카로부터 기원했다고 추정해요.

생명체가 되기 위해서는 생명체를 이루는 물질들을 함께 모아 놓아야 하는데 그 중요한 역할을 하는 것이 **세포막**입니다. 루카는 세포막으로 유전물질인 DNA를 보호하며 자손을 최초로 탄생시켰습니다.

2021년 발표된 연구에 따르면 루카가 최초의 화학 반응에 사용한 에너지는 깊은 해저의 열수분출구에서 나오는 수소입니다. 수소와 이산화 탄소, 그리고 암모니아와 염분만 있는 환경에서도 루카는 충분히 에너지를 얻어 생명을 이어 나간 것이죠.

살아남은 루카의 자손들은 종류와 수를 늘려 나갔습니다. 이윽고 35억 년 전에는 광합성을 하는 생물체인 단세포 생물이 나타나 빛, 이산화 탄소, 물을 이용해 산소를 만들어 냈습니다. 이 단세포 생물을 **남세균**이라고 부릅니다. 남세균이 폭발적으로 늘어나자 지구에는 산소가 매우 풍부해졌고, 산소를 필요로 하는 생명체가 번성할 수 있게 되었습니다. 이렇게 지구상의 생물은 도미노 같은 현상을 거쳐 점점 다양해졌습니다.

❸ 지구에서 가장 오래된 생물 화석인 **스트로마톨라이트는 남세균의 화석입니다.** 아주 신기하게도 호주 바닷속에서 여전히 생존하고 있는 생물이기도 해요. 좀 복잡하고 긴 이름인 스트로마톨라이트(Stromatolite)는 그리스어로 '계층'을 뜻하는 'stroma'와 '바위'를 뜻하는 'lithos'에서 유래했습니다. 남세균은 모래와 진흙 표면에 붙어 낮에는 광합성을 하고, 밤이 되면 주변 퇴적물을 점액 물질로 만듭니다. 그 점액 물질 위에 다시 남세균들이 번식해 사는 과정을 오랜 세월 동안 반복하면서 남세균과 퇴적물은 층층이 쌓여 나이테 모양의 스트로마톨라이트를 만듭니다. 스트로마톨라이트는 더 시간이 지나면 기둥형이

가장 오래된 생물 화석인 스트로마톨라이트

나 사각형으로 성장하죠. 이 성장 속도는 매우 느려서 1년에 수 밀리미터 정도밖에 자라지 않는다고 해요.

현재까지 알려진 가장 오래된 스트로마톨라이트는 2016년 9월 그린란드에서 발견된 것으로 37억 년 전 화석입니다. 우리나라에서도 발견되어 영월, 경산 등 여러 곳에서 천연기념물로 보호하고 있습니다. 천연기념물로 지정된 인천 소청도의 스트로마톨라이트는 우리나라에서 발견된 가장 오래된 화석으로 10억 년 전에 만들어졌습니다.

다양한 생물종이 지구에 등장하기까지

사막, 습지, 강, 바다, 갯벌, 극지방, 열대우림 등 전 세계 다양한 장소에 정말 많은 생물이 살고 있죠. 과연 몇 종류나 될까요? 세계생물 다양성정보기구(GBIF)에 따르면 ❹ 2021년까지 발견된 생물 종류는 약 211만 종이며, 지금도 새로운 종이 계속 발견되고 있다고 해요. 과학자들은 아직 발견되지 않은 종까지 다 합치면 지구에 있는 생물이 1,000만 종 이상이라고 추측하고 있어요. 어떤 과정을 통해서 이렇게 다양한 생물이 생겨났을까요?

39억 년 전 최초의 생명체인 루카가 출현한 이후 처음에는 **원핵생물**만이 지구에 살고 있었습니다. 핵은 유전물질이 들어 있는 작은 주머니인데, 원핵생물의 세포에는 핵을 감싸는 핵막이 없어서 유전물질이 세포 안에서 이리저리 떠다녀요. 이러한 세포를 원시적인 핵을 가졌다는 뜻에서 **원핵세포**라고 해요. 우리 몸속 대장에 사는 대장균, 식중독을 일으키는 포도상구균과 살모넬라균 등이 원핵생물에 속합니다.

반면 핵이 있는 세포는 **진핵세포**라고 부릅니다. 21억 년 전에 드디어 진핵세포로 이루어진 단세포 생물이 최초로 나타났어요. 이 생물의 세포는 원핵세포보다 훨씬 복잡한 구조를 갖고 있죠. 15억 년 전에는 비로소 여러 개의 세포로 이루어진 다세포 생물이 생겨납니다.

진핵세포로 된 생물 중 동물, 식물, 균류를 뺀 나머지 생물을 **원생생물**이라고 합니다. 원생생물은 그 특징을 딱 정의하기 애매해 구분하기 헷갈리고 어렵습니다. 단세포 생물이면서 다세포 생물에도 해당하고, 식물처럼 광합성을 하는가 하면 동물처럼 움직이기도 하는 생물이기 때문입니다. 원생생물 중 대표적인 단세포 생물로는 짚신벌레, 아메바가 있습니다. 엽록체가 있어 광합성을 하는 유글레나도 여기에 속하죠. 식물로 많이 착각하는 다시마, 파래, 김 등은 다세포 원생생물입니다. 건강식품으로 많이 먹는 클로렐라도 원생생물이에요.

여러 개의 세포로 이루어진 다세포가 생겨나면서 지구 생물들은 더욱 크고 복잡한 구조로 진화할 수 있게 되었습니다. 한편 원시 지구의 대기에는 산소가 없었습니다. 따라서 산소 원자 3개가 모여서 만들어지는 오존도 형성되지 않았습니다. 태양이 뿜는 강력한 자외선을 막아 주는 오존층이 없으니 자외선이 그대로 지구 표면에 닿을 수밖에 없었죠. 자외선은 생명체를 구성하는 DNA를 바꾸어 돌연변이를 만들었습니다. 또 자외선은 강력한 살균 작용도 해서 물속에 사는 생물이 육지로 올라오는 것은 사실상 불가능한 일이었습니다. 하지만 광합성을 하는 원핵생물이 많아지고 뒤이어 광합성을 하는 진핵생물도 나타나면서 산소량이 급격히 많아졌고, 이에 따라 오존층이 만들어져서 자외선을 막을 수 있었습니다. 드디어 생물이 살 수 있는 환경이 육지에 만들어진 것입니다. 몇몇 수중 생물이 육상으로 올라와 육지 환경에 적응하게 되었습니다. 육지에 처음 등장한 동물은 개구리, 두꺼비 등의 양서류입니다. 시간이 지나면서 멸종한 생물도 있지만, 육지에는 더욱더 다양한 생물이 생겨났습니다.

2억 8,000만 년 전에는 공룡이 나타나 번성하고 9,000만 년 전에는 속씨식물이, 20만 년 전에는 인류의 조상이 등장했습니다. 이렇듯 생물이 매우 단순한 단세포에서 점점 복잡한 다세포 형태로 발전하면서 현재와 같은 다양한 종이 지구에 살 수 있게 되었답니다.

지구 탄생	46억 년 전
생물의 공통 조상(루카) 탄생	39억 년 전
남세균 출현	35억 년 전
진핵세포 생물 출현	21억 년 전
다세포 생물 출현	15억 년 전
육상동물 출현	3억 6,000만 년 전
공룡 탄생	2억 8,000만 년 전
포유류 탄생	1억 7,400만 년 전
인류 조상(호모 사피엔스) 탄생	20만 년 전

생명체가 탄생한 시기

생물은 빛, 온도, 물, 먹이 등의 환경에 적응하며 살아갑니다. ❺ 오랜 세월 동안 특정 환경에 적응하다 보면 같은 종류의 새, 나무, 풀이라도 조금씩 다른 특징이 나타납니다. 이를 **변이**라고 해요. 변이를 통해 한 종류의 무리에서 여러 형태의 생물이 만들어질 수 있습니다. 그중에서도 환경에 더 잘 적응한 생물이 더 많이 살아남게 되죠. 이처럼 환경에 더 적합한 형태로 변이한 생물이 자손을 남기고, 그 자손도 변이해서 번식하는 과정을 통해 오늘날 생물은 무척 다양하게 존재하게 되었습니다.

수많은 생물을 한눈에 분류하는 방법

최초의 생명체가 탄생한 때부터 현재에 이르는 39억 년 동안 지구에는 새로운 생물종이 만들어지기도 하고 없어지기도 했습니다. 그간 존재해 왔으나 알려지지 않았던 생물이 새롭게 발견되기도 했죠. 다양한 생물에 호기심을 품은 과학자들은 자연을 자세히 관찰하기도 하고, 머나먼 길을 탐험하기도 하면서 생물의 종류가 정말 많다는 것을 알게 되었습니다. 더불어 현미경의 발명과 같은 과학기술의 발전에 힘입어 더 많은 생명체의 존재를 알 수 있었죠.

과학자들은 이렇게 알게 된 어마어마한 수의 생물을 체계적으로 구분할 방법이 필요해졌습니다. 마트에 가면 물건을 양념, 과자, 음료, 야채, 과일, 고기류 등으로 나누어 정리해 둔 것을 볼 수 있습니다. 이렇게 분류를 잘해 두면 물건을 찾기도 쉽고 전체를 파악하기도 쉽기 때문이에요. 과학자들도 기준을 정해서 생물을 분류하고자 했어요.

처음으로 생물을 분류한 사람은 기원전 4세기 무렵에 활동한 아리스토텔레스입니다. 아리스토텔레스는 철학자로 유명하지만, 평소 과학자처럼 자연과 생물을 세심하게 관찰하는 것도 즐겼다고 해요. 특히 고래를 관찰한 이야기가 유명합니다. 아리스토텔레스는 바다 위에서 큰 물기둥을 뿜어내는 고래가 물고기라 생각해 왔어요. 그런데 어느 날 바닷가에서 어부들이 고래의 배를 가르는 모습을 보고 깜짝 놀랐습니다. 배 속에서 새끼가 나왔기 때문입니다. 알을 낳는 물고기와는 달리 새끼를 밴고래를 보고 그는 고래가 소와 같은 종류의 동물이라고 생각하게 되었습니다. 아리스토텔레스는 당시 사람들이 생각하지 못한 새로운 분류법을 고안해 540여 종의 동물을 특징에 따라 열두 종류로 분류했습니다. 그 뒤에 활동한 과학자들도 생물의 공통점이나 차이점을 바탕으로 생물을 분류했어요.

특히 주목할 사람은 18세기 스웨덴의 식물학자 칼 린네입니다. 린네는 어렸을 때부터 자연을 벗 삼아 생물을 관찰하는 것을 매우 좋아했어요. 원예를 좋아한 아버지를 닮아 어렸을 때 별명이 '꼬마 식물학자'였습니다. 린네는 의대에 진학해 내과 의사가 되었지만, 식물학자로 더 유명합니다. 식물학과 자연사에 관심이 많아 세계 각지의 생물을 관찰해 분류했고, 이 방식이 오늘날 생물 분류학의 기초가 되었습니다. 린네는 생물종에 이름을 붙이는 **이명법**을 주장했어요. 이명법은 생물을 속명과 종명으로 나타내는 방법으로 현재까지 사용하고 있답니다. 그는 생물을 생김새에 따라 **동물계**와 **식물계**로 분류했습니다.

이후 현미경으로 매우 작은 미생물을 발견하면서 린네의 분류 체계만으로는 모든 생물을 분류할 수 없게 되었습니다. 19세기 독일의 생물학자 에른스트 헤켈이 원생생물계를 추가한 3계 분류를 제시했습니다. 동물계와 식물계 외에 균계를 추가한 것입니다. 버섯은 과거에는 식물계로 분류했으나, 식물과는 달리 광합성을 하지 않는다는 사실이 20세기에 밝혀지면서 미국의 생태학자 로버트 휘태커가 버섯을 균계로 분류했습니다. 그는 **원핵생물계**와 **원생생물계**까지 더한 **5계** 분류 체계를 완성했습니다. 핵막이 없는 세균은 원생생물계가 아닌 원핵생물계에 속하게 되었죠.

20세기 후반, DNA를 분석하는 기술이 발달하면서 분류법

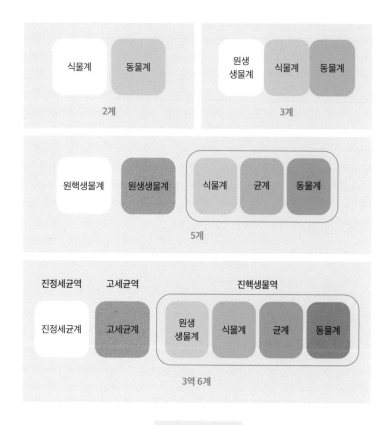

생물 분류 체계의 변화

은 다시 한번 혼란에 빠졌습니다. 인간, 식물, 동물 같은 복잡한 생물과 유전자가 비슷한 세균들이 발견된 것입니다. 1977년 미국의 미생물학자 칼 우즈가 새로운 분류 체계를 제시했습니다. 핵막 없이 DNA가 흩어져 있는 세균이 속하는 진정세균역,

DNA가 진핵생물과 닮은 세균이 속하는 고세균역, 유전정보를 핵막이 있는 핵에 담아 놓은 진핵생물역으로 생물을 분류하는 3역 6계였습니다. 이 분류 체계는 지금도 사용하고 있습니다.

분류 체계의 변천사를 보면 과학기술이 발전하면서 생물을 구분하는 기준이 바뀌어 왔다는 것을 알 수 있어요. 과학은 변화하는 학문입니다. 오늘 배운 내용이 내일은 인정받지 못하는 학문이 되어 버리기도 한다는 것을 명심하길 바랍니다. 몇 년 후에는 우즈의 분류 체계를 더 이상 교과서에서 볼 수 없을지도 모릅니다.

30초 복습 퀴즈

배운 내용을 찬찬히 떠올리며 아래 빈칸을 채워 보세요.

원시 지구에서 바다와 대기가 만들어짐에 따라 약 ❶(   )년 전 최초의 생명체가 출현했으며 이를 ❷(   )라고 부른다. 최초의 생물은 단세포 생물로 핵막이 없는 ❸(   )계에 속한다. 오랜 세월 환경에 적응한 결과 조금씩 다른 특징이 나타나는 ❹(   )를 통해 지구에는 다양한 생물이 생겨났다. 생물을 체계적으로 분류해 분류학의 기초를 세운 사람은 스웨덴의 의사이자 식물학자인 ❺(   )다.

정답 ❶39억 ❷원핵생물 ❸원핵생물 ❹진화 ❺린네

2

생물은
어디서, 어떻게

에너지를
얻나요?

30초 예습 퀴즈

소화와 호흡에 대해 얼마나 알고 있는지 OX 문제를 풀어 보세요.

❶ 생물이 생명 활동에 필요한 에너지를 얻는 과정을
  '세포 호흡'이라 한다. (O , X)

❷ 생물의 기본 단위는 세포이고, 같은 일을 하는
  세포들이 모여 조직을 이룬다. (O , X)

❸ 녹말은 소화 효소의 작용으로 분해되어 아미노산이 된다. (O , X)

❹ 소화관의 길이는 육식동물이 초식동물보다 길다. (O , X)

❺ 폐는 근육이 있어 스스로 수축할 수 있다. (O , X)

X❺ X❹ X❸ O❷ O❶ 답정

여러분은 오늘 점심으로 무엇을 먹었나요? 식사를 거르게 되면 기운이 없어지죠. 음식은 몸에서 어떠한 과정을 거쳐 우리 몸이 힘을 내어 살 수 있게 하는 것일까요?

자동차가 연료를 태워 필요한 에너지를 얻듯이 ❶ 지구 생물은 영양소를 분해해 생명 활동에 필요한 에너지를 얻습니다. 이와 같은 과정을 **세포 호흡**이라고 합니다. 그리고 생물이 세포 호흡을 하며 필요한 에너지를 얻기 위해서는 영양소와 산소가 필요합니다. 영양소와 산소는 어떠한 과정을 거쳐 우리 몸으로 들어오고 사용되는 것일까요?

생물의 기본 단위

생물을 구성하는 기본 단위는 무엇일까요? 큰 건물이 여러 개의 방으로 구성되어 있듯이, ❷ 생물도 세포라는 기본 단위로 이루어져 있어요. 세포는 기능에 따라 구조와 모양이 다르답니다. 그중 같은 일을 하는 세포들이 모여 **조직**을 이룹니다. 여러 종류의 조직이 모이면 특정한 기능을 수행하는 **기관**이 됩니다. 그리고 서로 연관된 기능을 담당하는 기관들이 모여 **기관계**를 구성해요. 기관계로는 소화계, 호흡계, 순환계, 배설계 등이 있어요. 여러 기관계가 모이면 하나의 독립된 **개체**, 즉 생명체를 이룰 수 있답니다. 동물이 생명 활동을 이어 나가기 위해서는 기관계 간의 긴밀한 협조가 필요해요. 이들 기관계는 어떠한 기관들로 구성되어 있으며 각각 어떠한 역할을 하는지 차근차근 알아봅시다.

영양소를 분해하고 흡수하는 소화계

우리는 음식물을 먹어 영양소를 얻습니다. 음식물에는 탄수화물, 단백질, 지방, 무기염류, 바이타민, 물과 같은 영양소가 들어 있어요. 이 중에서 우리 몸이 에너지원으로 사용하는 영양소는 녹말(탄수화물), 단백질, 지방입니다.

영양소는 세포 안으로 들어가야 에너지원의 재료로 쓰일 수 있어요. 분자 크기가 큰 영양소들은 세포막을 통과할 수 없어서 먼저 작게 분해되어야 하죠. 우리가 흔히 말하는 **소화**는 세포가 영양소를 흡수할 수 있도록 작은 크기의 분자로 분해하는 과정입니다. 이때 각 영양소를 분해하는 역할을 하는 우리 몸의 일꾼이 **소화 효소**입니다. 녹말, 단백질, 지방을 분해하는 소화 효소는 각각 다릅니다. 대표적인 소화 효소들을 만나 볼까요?

❸ 아밀레이스는 녹말을 분해하는 효소입니다. 침샘과 이자에서 분비되며, 녹말을 엿당으로 분해하죠. 밥을 오래 씹을수록 단맛이 나는 이유는 아밀레이스가 녹말을 단맛이 느껴지는 엿당으로 분해했기 때문입니다. 이 엿당은 소장으로 이동한 다음 **포도당**으로 분해됩니다. 펩신과 트립신은 단백질을 분해하는 효소로, 각각 위와 이자에서 분비되죠. 두 효소는 단백질을 **아미노산**으로 분해합니다. 마지막으로 라이페이스는 이자에서 분비되는 지방 분해 효소입니다. 라이페이스의 작용으로 지방은 **지방산**과 **모노글리세리드**로 분해됩니다. 이렇게 음식물 속의 영양소들은 최종적으로 포도당, 아미노산, 지방산과 모노글리세리드로 분해된 다음에야 비로소 세포 안으로 흡수될 수 있습니다.

소화와 관련된 기관을 묶어 **소화계**라고 합니다. 소화기관에는 입, 식도, 위, 소장, 대장, 간, 이자, 쓸개 등이 있습니다. 섭취한 음식물은 소화기관을 여행하는 동안 분해되고 세포 안으로 흡수되어 우리 몸의 에너지원으로 사용됩니다.

소화는 입에서부터 시작됩니다. 아밀레이스가 나오는 입안은 탄수화물의 소화가 시작되는 곳이기도 합니다. 식사할 때 부모님이 여러분에게 꼭꼭 씹어 먹으라고 말씀하시죠. 음식물을 잘 씹어 먹으면 어떤 점이 좋을까요? 음식물이 작은 덩어리가 되면 소화 효소가 작용하는 면적이 더 넓어진답니다.

입에서 잘게 조각난 음식물은 식도라는 긴 관을 통해 위로 이동합니다. 식도는 위까지 음식물을 밀어 주는 운동을 해요. 그래서 삼킨 음식물은 다시 입안으로 올라오지 않습니다. 식도 덕에 우리는 물구나무를 서서도 음식을 삼킬 수 있답니다.

위는 단백질 분해 효소인 펩신이 나오는 장소예요. 그런데 신기하지 않나요? 위도 단백질로 이루어져 있는데 어떻게 분해되지 않고 유지되는 것일까요? 비결은 두 가지입니다. 첫째, 위속의 세포는 점액 물질을 분비해 보호막을 형성해요. 이 보호막이 효소가 위벽을 분해하는 것을 막아 주어요. 둘째, 단백질 분해 효소는 만들어진 직후에는 분해 능력이 없어요. 이런 상태는 잠든 것에 비유할 수 있는데요. 위 세포 안에서 만들어지는 펩신은 잠든 상태였다가 세포 밖인 소화관으로 나온 이후에야 비로소 잠에서 깨어나 단백질을 분해합니다. 섭취한 단백질은 소화하면서도 몸을 구성하는 단백질은 그대로 유지하는 소화계의 능력이 놀랍습니다.

음식물이 직접 지나가지 않는 침샘, 간, 쓸개, 이자도 소화계에 속해요. 간에서 만들어지는 쓸개즙은 쓸개에서 저장합니다. 쓸개즙에는 소화 효소는 없지만 큰 지방 덩어리를 작게 조각내는 성분이 들어 있어 지방의 소화를 돕습니다. 소화기관 중 이자는 단연 탁월한 능력을 자랑합니다. 탄수화물, 단백질, 지방의 소화 효소를 모두 만들어 내기 때문이에요. 이자는 세 종류의 효소를 소장의 시작 부위인 십이지장으로 분비합니다.

소장은 포도당, 아미노산, 지방산, 모노글리세리드를 모두 잘 흡수하는 데 최적의 구조를 지니고 있어요. 주름진 표면에 융털이라는 돌기가 돋아나 있기 때문인데요. 구겨진 종이를 펼치면 넓어지죠? 소장의 표면과 융털을 넓게 펼쳐 보면 전체 면적이 600배 늘어난다고 해요. 이렇게 소장은 영양소와 닿는 표면적이 넓어서 효율적으로 영양소를 흡수할 수 있는 것이랍니다.

소장에서 영양소를 흡수한 다음 남은 물질은 대장으로 이동합니다. 대장에서는 소화 작용이 거의 일어나지 않아요. 이곳에서는 소장에서 흡수되고 남은 물이 흡수되며, 여러 종류의 무해한 세균(대장균)이 살아가고 있습니다. 물이 빠져나가고 남은 물질은 대변이 되어 항문을 통해 몸 밖으로 나갑니다.

이렇게 대변이 나오기까지 음식물을 모두 소화하는 데 시간은 얼마나 걸릴까요? 음식물이 위에서 머무는 시간은 최대 6시간이고, 소장을 지나는 데는 최대 8시간 정도 걸립니다. 소화가 안 된 음식물들은 대장에서 10시간 동안 머물기도 한답니다.

환경에 따라 다양하게 진화한 소화계

모든 동물의 소화계가 사람과 같지는 않습니다. 환경에 저마다 다른 방식으로 적응한 동물들의 소화계를 알아볼까요?

척추동물의 이빨 모양과 배열을 보면 그 동물이 어떤 먹이를 먹는지 알 수 있습니다. 육식동물의 이빨은 뾰족하며, 특히 먹이를 찢는 송곳니가 잘 발달되어 있습니다. 그중에서도 커다란 동물을 잡아먹는 동물은 두개골이 크고 치아의 모양이 원뿔형입니다. 육식성 어류인 상어의 날카로운 이빨은 여러 층으로 나 있는데, 이 이빨들은 자라면서 한 줄씩 밖으로 밀려나 결국 맨 바깥에 있던 이빨들이 빠져 버린다고 합니다. 반면 곤충을 먹는 동물은 작은 두개골과 뾰족한 치아를 가지고 있습니다. 초식동물은 풀을 뜯고 갈아 내기 위해 평평한 어금니를 가집니다. 또한 쥐와 같은 설치류는 계속 자라는 이빨을 갈아야 하죠.

❹ 초식동물의 장은 길이가 매우 긴 것이 큰 특징인데, 이는 식물의 섬유질 성분(셀룰로오스)을 소화하는 데 오랜 시간이 걸리기 때문입니다. 곡류를 섭취하는 조류는 장의 길이가 길 뿐만 아니라 모이주머니와 모래주머니도 가지고 있습니다. 모이주머니는 음식물을 잠깐 저장하고 축축하게 하는 기능을 합니다. 조류의 위는 전위와 모래주머니로 나뉩니다. 모래주머니는 근육이 잘 발달되어 근위라고도 합니다. 우리가 닭똥집이라고 부르는 부위가 바로 닭의 모래주머니입니다. 조류는 이가 없는 대신 잘 발달한 모래주머니에 있는 모래알이나 작은 돌로 먹이를 잘게 쪼갠답니다.

되새김질을 하는 소를 본 적이 있나요? 소, 사슴, 양, 기린 등 되새김질을 하는 동물을 **반추동물**이라고 합니다. 한 번 삼킨 먹이를 입으로 게워 내어 씹은 후 다시 삼키는 행동을 **반추**라고 해요. 반추동물은 위가 무려 4개나 됩니다. 첫 번째 위에는 식물의 섬유질을 분해하는 미생물이 살고 있어 풀을 소화할 수 있습니다. 맹장에도 미생물이 살고 있어 섬유질의 소화를 돕는다고 알려져 있습니다. 포유류의 맹장은 대개 1개인데, 특이하게도 닭의 맹장은 2개라고 합니다. 토끼와 몇몇 설치류는 자신

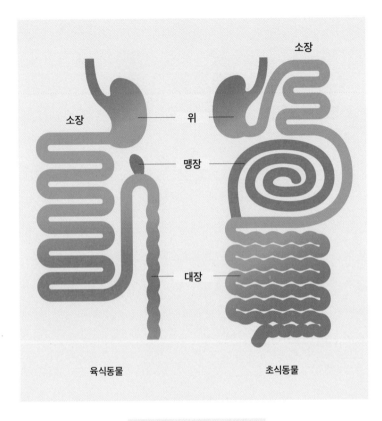

육식동물과 초식동물의 소화관 비교

의 대변을 먹기도 하는데, 이는 대장 속 미생물이 만든 유익한
물질을 다시 흡수하기 위해서입니다. 토끼가 다시 먹지 않는 대
변은 소화관을 두 번 거친 대변이에요.

기체 교환을 담당하는 호흡계

코, 기관, 기관지, 폐와 같이 호흡에 관련된 기관을 묶어 **호흡계**라고 합니다. 숨을 들이마시면 외부의 공기가 코와 기관, 기관지를 거쳐 폐로 들어오고, 폐에서는 산소와 이산화 탄소의 교환이 일어납니다. 산소는 폐포에서 모세혈관으로 이동해 혈액을 따라 온몸의 세포로 운반되어 세포 호흡에 사용됩니다.

먼저 사람의 호흡계를 알아봅시다. 숨을 들이쉬면 공기가 콧속을 지나 기관과 기관지를 거쳐 폐 속의 폐포로 들어갑니다. 폐는 포도송이처럼 수많은 폐포로 이루어져 있습니다. 작은 공기주머니 같은 폐포들 때문에 폐 속은 스펀지처럼 작은 구멍이 많이 나 있는 것처럼 보여요. 폐포의 표면은 모세혈관으로 둘러싸여 있으며, 모세혈관 사이에서 산소와 이산화 탄소의 교환이 이루어집니다. 폐포들을 모두 넓게 펼치면 테니스 코트 절반을 덮을 수 있는 면적이 된다고 합니다. 이렇게 공기와 닿는 표면적이 매우 넓어서 폐는 효율적으로 기체를 교환할 수 있습니다.

❺ 폐는 근육이 없어서 스스로 수축하거나 이완할 수 없습니다. 그런데 어떻게 호흡 운동을 할 수 있을까요? 폐 자체는 근육이 없지만 폐를 둘러싸고 있는 갈비뼈와 가로막의 움직임에 영향을 받아 크기가 변화합니다. 우리가 숨을 들이쉴 때는

갈비뼈가 올라가고 가로막이 내려가면서 가슴안의 부피도 커집니다. 가슴안의 부피가 커지면 폐 내부의 압력이 대기압보다 낮아져 공기가 몸 밖에서 폐 안으로 들어옵니다. 반대로 숨을 내쉴 때는 갈비뼈가 내려가고 가로막은 올라가면서 가슴안의 부피가 작아지고, 폐 내부의 압력이 대기압보다 높아져 공기가 몸 밖으로 나가게 된답니다.

들숨으로 들어온 산소는 폐포에서 모세혈관으로 이동하고, 이산화 탄소는 모세혈관에서 폐포로 이동한 후 날숨으로 빠져나갑니다. 적혈구는 폐포의 모세혈관에서 산소를 가득 실은 후 혈관을 따라 몸 구석구석으로 산소를 전달하게 됩니다.

폐가 없는 동물도 있다고?

사람은 물속에서 숨쉴 수 없습니다. 그런데 물고기는 산소가 부족한 물속에서도 잘 살 수 있습니다. 물속에 사는 생물들은 어떻게 산소를 얻는 것일까요? 다양한 환경에 적응한 여러 동물의 호흡법을 알아볼까요?

가장 간단한 방법은 피부로 호흡하는 것입니다. 말미잘, 해파리와 같은 수생동물은 정교한 호흡 구조가 없습니다. 대신 물과 닿아 있는 피부로 산소를 받아들입니다. 산소를 얻으려면 물을 최대한 많이 접해야 하므로 이들은 크기가 작고 두께는 얇으며 표면은 주름져 있습니다. 그리고 아주 작은 관들을 가지고 있습니다.

비 온 뒤 길에 지렁이가 나와 있는 것을 본 적이 있죠? 지렁이는 피부 호흡을 하는 대표적인 육상동물입니다. 그래서 흙 사이사이에 공기 대신 빗물이 가득 차면 산소가 모자라 익사할 수 있다고 합니다. 폐가 없는 일부 도마뱀도 피부로 호흡하기 때문에 축축한 습지에서 살며, 햇빛에 말라 죽을 위험이 적은 밤에 주로 활동합니다. 피부 호흡을 위해 지렁이나 도마뱀은 점액을 분비해 피부를 항상 촉촉하게 유지합니다.

곤충은 기문(공기가 들어오고 나오는 구멍)과 기관(공기가 통하는 관)이 잘 발달되어 있습니다. 기문으로 들어온 공기는 온몸에 그물망처럼 퍼져 있는 기관을 통해 이동해요. 곤충의 크기가 작은 이유는 폐로 호흡하는 사람과는 달리 이렇게 공기의 확산에 의존해서입니다.

영화 〈엑스맨〉 시리즈를 보면 물에 들어가면 아가미가 생기는 돌연변이 인간이 나옵니다. 물속에서 아가미는 왜 필요할까요? 물속의 산소 농도는 1퍼센트 미만으로 공기 중의 산소 농도인 21퍼센트에 비해 매우 낮습니다. 가느다란 가닥이 수없이

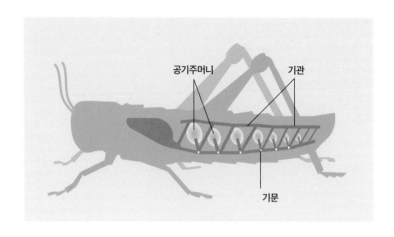

공기주머니   기관

기문

곤충의 호흡기관

촘촘하게 배열된 아가미는 물속의 산소를 걸러 주는 체와 같은 역할을 해요. 어류는 물속에서 산소를 효율적으로 얻기 위해 아가미를 잘 발달시켰습니다. 아가미를 통해 물속의 산소가 체내로 들어오고, 체내에 생긴 이산화탄소는 물로 배출됩니다. 물 밖으로 나온 물고기가 죽는 이유는 물이 마르면 아가미 층들이 서로 붙어 버려서 산소를 흡수하는 면적이 줄어들기 때문입니다. 오늘 저녁 반찬으로 고등어가 올라왔다면 지나치지 말고 아가미의 구조를 좀 더 유심히 관찰해 보세요!

시기에 따라 호흡기관이 변하는 동물도 있습니다. 바로 개구리, 두꺼비 같은 양서류인데요. 물과 육지 양쪽에서 서식한다는 뜻에서 양서류라고 부릅니다. 이들은 어려서는 물속에서 아가미로 숨을 쉬고, 성장하면 땅 위에서 폐와 피부로 숨을 쉰답니다.

조류의 폐는 사람과는 구조가 다릅니다. 우리의 폐는 공기가 들어오고 나오는 통로가 같은데, 조류의 폐는 공기가 한쪽으로만 흐르는 일방통행을 해요. 들어오는 공기와 나가는 공기가 섞이지 않는 것이죠. 이러한 구조는 기체를 매우 효율적으로 교환할 수 있게 해 줘요. 그래서 새들은 산소의 양이 적은 높은 하늘에서도 잘 날 수 있답니다.

30초 복습 퀴즈

배운 내용을 찬찬히 떠올리며 아래 빈칸을 채워 보세요.

생물이 포도당과 같은 영양소를 분해해 생명 활동에 필요한 에너지를 얻는 과정을 ❶(   )이라고 한다. 생명 활동에 필요한 에너지를 얻기 위해서는 영양소와 ❷(   )가 필요하다. 음식물에 들어 있는 영양소를 세포에 흡수될 정도로 작게 분해하는 과정을 ❸(   )라고 하고 이 과정은 ❸(   )계가 담당한다. 폐는 근육이 없어 스스로 운동하지 못하지만 갈비뼈와 ❹(   )의 운동에 도움을 받아 공기가 드나들게 한다. 소장의 융털과 폐의 폐포는 ❺(   )이 넓어 효율적으로 영양소를 흡수하고 기체를 교환한다.

정답 ❶세포 호흡 ❷산소 ❸소화/소화 ❹가로막 ❺표면적

3

생물의 혈액은

어떤 일을 하나요?

30초 예습 퀴즈

순환과 배설에 대해 얼마나 알고 있는지 OX 문제를 풀어 보세요.

❶ 심장에서 나와 폐로 연결된 혈관은 정맥이다.　　　　　(O , X)

❷ 어류의 심장 구조는 2심방 1심실이다.　　　　　　(O , X)

❸ 이산화 탄소는 폐를 통해 몸 밖으로 빠져나간다.　　　(O , X)

❹ 새와 곤충은 질소노폐물을 요산의 형태로 배출한다.　　(O , X)

❺ 사막에 사는 동물의 오줌은 양이 적고 농도가 진하다.　(O , X)

앞서 생물이 에너지를 얻기 위해서는 영양소와 산소가 필요하다는 것을 배웠습니다. 소화계는 영양소를, 호흡계는 산소를 흡수한다는 것도 알았죠. 소장에서 흡수한 영양소와 폐에서 흡수한 산소는 우리 몸을 구성하는 각 세포에 전달되어야 합니다.

그럼 영양소와 산소는 어떻게 전달되는 것일까요? 그리고 에너지를 얻기 위해 나무를 태우면 재와 연기가 발생하듯이, 세포 호흡을 하면 노폐물과 이산화 탄소가 발생하게 됩니다. 몸속 찌꺼기들은 또 어떻게 처리되는 것일까요?

우리 몸의 택배 기사, 혈액

택배로 부친 물건이 길을 따라 목적지에 도착하듯이 우리 몸에도 물질이 이동하는 통로가 있습니다. 우리 몸을 구성하는 세포를 집에 비유한다면, 혈관은 집 사이사이에 있는 길이라고 할 수 있습니다. 그 혈관을 따라 열심히 산소를 운반하는 적혈구는 택배 기사에 비유할 수 있겠네요. 이렇게 물질의 운반에 관여하는 기관인 혈액, 혈관, 심장을 합쳐 **순환계**라고 부릅니다.

심장은 주기적인 수축과 이완을 되풀이함으로써 혈액을 온몸에 공급하는 펌프 역할을 합니다. 가슴에 손을 올리면 심장 박동을 느낄 수 있죠? 성인의 심박수는 보통 분당 70~75회이며, 분당 약 5리터의 혈액을 내보낸다고 합니다. 격렬한 운동을 하면 내보내는 혈액량이 5배까지 늘어나기도 합니다.

혈관은 우리 몸에서 물질이 이동하는 통로입니다. 사람의 혈관을 일직선으로 연결하면 10만 킬로미터에 달하는데 이는 지구를 두 바퀴 반 정도 도는 거리입니다. 서울과 부산을 직선으로 이은 거리인 330킬로미터의 300배가 될 만큼 엄청난 길이예요.

동맥과 정맥은 어떻게 구분할까요? 그 기준은 바로 심장이에요. ❶ 동맥은 심장으로부터 나오는 혈액이 흐르는 길이고, 정맥은 심장으로 들어가는 혈액이 흐르는 통로입니다. 혈액은 항상 심장 → 동맥 → 모세혈관 → 정맥 → 심장의 순서를 거쳐 한 방향으로 흐르게 됩니다.

혈액의 여행을 심장에서 시작해 봅시다. 심장에서 힘차게 나온 혈액은 넓은 고속도로에 해당하는 동맥에 접어듭니다. 동맥은 점차 좁은 길로 나누어져 가느다란 골목길인 모세혈관이 되어 집(세포)에 영양소와 산소를 배달합니다. 이때 세포에 필요한 다른 물질들도 함께 전달합니다. 물질은 모세혈관을 통해 드나드는데, 소장의 융털과 폐의 폐포에는 모세혈관이 잘 분포되어 있어 효율적으로 영양소를 흡수하고 기체를 교환할 수 있답니다. 모세혈관은 다시 정맥이라는 넓은 고속도로로 합쳐지고, 혈액은 정맥을 거쳐 다시 심장으로 돌아갑니다. 돌아갈 때 혈액은 빈손으로 가지 않고 세포에서 배출한 노폐물과 이산화 탄소를 운반해요.

혈액은 액체 성분(혈장, 55퍼센트)과 혈구 성분(45퍼센트)으로 나눌 수 있습니다. 혈구 성분으로는 적혈구, 백혈구, 혈소판이 있습니다. 적혈구는 산소를 운반하고, 백혈구는 방어 작용을 하며, 혈소판은 혈액의 응고를 담당합니다.

온몸을 돌고 도는 순환계

사람의 심장은 4개의 방으로 된 이중 펌프입니다. 혈액이 들어오는 곳을 **심방**, 혈액을 밖으로 내보내는 곳을 **심실**이라고 해요. 사람의 심장은 좌우에 심방과 심실이 하나씩 있는 2심방 2심실 구조입니다.

심장에서 이동하는 혈액의 순환 경로는 크게 두 가지입니다. **폐 순환**과 **온몸 순환**이 그것인데요. 폐 순환은 산소가 부족한 혈액이 폐에서 산소를 충전한 다음 심장으로 다시 돌아오는 과정입니다. 온몸 순환은 산소를 많이 담은 혈액이 온몸을 돌며 세포에 산소 전달을 마치고 다시 심장으로 돌아오는 과정입니다. 폐 순환을 하는 혈액은 심장 → 폐 → 심장의 경로를 돌고, 온몸 순환을 하는 혈액은 심장 → 온몸 → 심장의 경로를 거칩니다.

혈액의 순환은 산소를 운반하는 트럭의 여행으로 이해하면 쉬워요. 우심실에서 여행을 시작해 볼게요. 우심실에 있는 트럭(혈액)은 짐칸이 거의 비어 있습니다. 산소를 싣기 위해 트럭은 폐로 갑니다. 폐의 모세혈관을 지나면서 트럭은 산소를 많이 싣습니다. 산소를 가득 담은 트럭은 다시 좌심방으로 돌아갑니다. 여기까지가 폐 순환입니다. 트럭은 좌심방에 잠시 머물다가 바

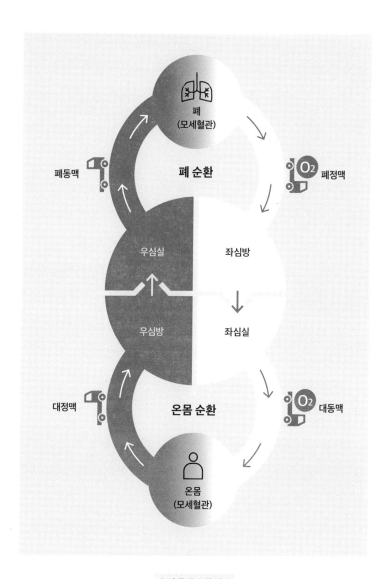

폐
(모세혈관)

폐동맥

폐 순환

O₂ 폐정맥

우심실

좌심방

우심방

좌심실

대정맥

온몸 순환

O₂ 대동맥

온몸
(모세혈관)

우리 몸의 순환 경로

로 이어져 있는 좌심실로 이동합니다. 좌심실은 4개의 방 중에서 수축하는 힘이 가장 좋아요. 그래서 트럭을 힘차게 온몸으로 밀어줄 수 있답니다. 트럭은 온몸을 돌아다니며 산소를 세포에 전달하고, 이산화 탄소를 받아 다시 우심실로 돌아옵니다. 이렇게 트럭의 온몸 순환이 끝납니다.

온몸을 돌고 우심실로 돌아온 혈액은 폐에서 다시 산소를 얻은 후 또 온몸을 돌며 세포에 산소를 전달하는 여행을 반복합니다. 이렇게 혈액은 심장 → 폐 → 심장 → 온몸 → 심장의 순환 고리를 돌고 돌면서 호흡계에서 얻은 산소뿐만 아니라 영양소를 비롯해 우리 몸에 필요한 물질까지 함께 운반한답니다.

환경에 다양하게 적응한 순환계

모든 동물의 심장이 사람처럼 2심방 2심실로 나뉘지는 않습니다. 심장이 없는 동물도 있고, 심장은 있으나 심방과 심실의 수가 다른 동물도 있습니다.

말미잘, 해파리, 산호, 해면과 같이 물에 사는 작은 생물은 체계적인 순환계가 없습니다. 순환계의 역할은 세포에 필요한 물질을 전달하는 것인데, 이런 생물들은 몸의 표면이 물과 맞닿아 있어 바로 산소를 교환할 수 있죠. 그래서 순환계가 없는 것이 큰 문제가 되지 않습니다.

그러나 이 외의 많은 동물은 진화하면서 그 크기와 모습이 다양하고 복잡해졌습니다. 몸집이 커지면서 영양소와 산소를 효율적으로 공급하고 노폐물을 운반하는 정교한 순환계가 발달하게 되었어요.

메뚜기와 같은 곤충의 순환계는 열린 구조입니다. 심장과 동맥은 있으나 동맥이 모세혈관으로 연결되지 않죠. 사람의 혈관이 훌라후프처럼 이어져 있는 막힌 구조라면, 곤충의 혈관은 중간이 끊어진 훌라후프라고 생각할 수 있습니다. 이와 같은 구조를 끝이 열려 있다는 뜻에서 **개방순환계**라고 합니다. 혈관 안에 있는 액체를 혈액, 혈관 밖에 있는 액체를 **세포사이액**이라고 하는데, 개방순환계에서는 혈액과 세포사이액이 구별되지 않기 때문에 둘을 합쳐서 **혈림프**라고 부릅니다.

오징어의 혈액이 푸른색인 것을 알고 있나요? 모든 동물의 피가 붉기만 한 것은 아니랍니다. 사람의 피가 붉은색인 이유는 적혈구에 있는 산소 운반을 도와주는 헤모글로빈이라는 단백질이 철을 함유하고 있기 때문입니다. 철은 산소를 만나면 붉은색이 되거든요. 개방순환계를 지닌 오징어에게는 혈림프가 있는데, 혈림프에는 헤모글로빈이 아닌 헤모시아닌이라는 단백질이 있습니다. 헤모글로빈과 달리 헤모시아닌은 구리 이온을 가지고 있어서 푸른색을 띠는 것이랍니다.

이 외에도 혈액에 어떤 성분이 있는지에 따라 혈액이 녹색(갯지렁이, 일부 도마뱀) 또는 보라색(촉수동물, 곤충류)인 동물도 있다고 합니다. 심지어 남극에 사는 뱅어의 피는 투명하다고 해요.

사람의 혈관처럼 닫힌 구조의 순환계는 **폐쇄순환계**라고 합니다. 폐쇄순환계에서 혈액은 항상 혈관에만 존재하며 세포사이액과 구별됩니다. 그리고 막힌 구조이기 때문에 혈관 안에 압력이 발생해요. 압력은 조직으로 보내는 혈액의 속도를 빠르게 하고, 각 기관에 보내는 혈액량을 조절할 수 있다는 장점이 있습니다. 그래서 폐쇄순환계는 주로 몸이 크거나 활동량이 많은 생물들에게서 볼 수 있어요. 척추동물들은 모두 폐쇄순환계를 가지고 있답니다.

어류의 심장은 어떻게 생겼을까요? ❷ 어류는 1심방 1심실을 가지며 순환 경로도 하나뿐입니다. 심장에서 나온 혈액은 아가미로 가서 산소를 얻은 후 온몸으로 전달하고, 다시 심장으로 돌아오죠.

양서류의 심장은 어류보다 좀 더 복잡합니다. 2심방 1심실로, 순환 경로는 두 가지예요. 폐와 피부를 거치는 순환 경로와 온몸을 거치는 순환 경로로 나뉘어요. 폐·피부 순환 경로를 통

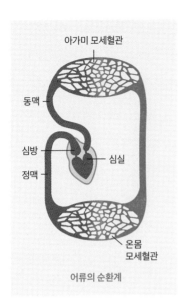

아가미 모세혈관

동맥

심방

심실

정맥

온몸
모세혈관

어류의 순환계

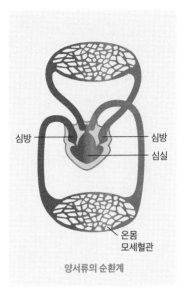

심방

심방

심실

온몸
모세혈관

양서류의 순환계

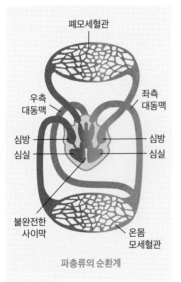

폐모세혈관

우측
대동맥

좌측
대동맥

심방

심방

심실

심실

불완전한
사이막

온몸
모세혈관

파충류의 순환계

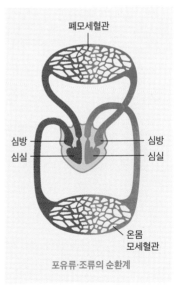

폐모세혈관

심방

심방

심실

심실

온몸
모세혈관

포유류·조류의 순환계

3. 생물의 혈액은 어떤 일을 하나요?

해 산소가 심장으로 들어오면 이 산소를 혈액이 온몸 순환 경로를 통해 세포 곳곳으로 운반하는 것이죠. 놀랍게도 개구리는 상황에 따라 폐로 가는 혈액과 피부로 가는 혈액의 양을 조절할 수 있다고 해요. 물에 들어가면 폐로 숨쉴 수 없기 때문에 폐로 가는 혈액은 줄이고 피부로 가는 혈액은 늘린다고 합니다.

악어를 제외한 파충류는 2심방 불완전 2심실로 되어 있습니다. 무슨 뜻이냐고요? 거북이, 뱀, 도마뱀의 심장은 심실이 사이막에 의해 불완전하게 좌우로 나뉘어져 있습니다. 아마도 2심방 1심실에서 2심방 2심실로 진화하는 과정의 중간 단계로 보여집니다.

포유류와 조류는 2심방 2심실을 가집니다. 이렇게 좌우가 완전히 분리된 구조는 체온을 일정하게 유지하기 위해 많은 에너지가 필요한 포유류와 조류에게 더 많은 영양분과 산소를 공급합니다.

2022년 미국에서는 유전자를 변형한 돼지의 심장을 사람에게 이식하는 수술을 시도했어요. 환자는 수술 후 2개월 뒤에 사망했지만, 심장 이식의 새로운 가능성을 보여 주었습니다. 돼지 심장의 크기와 구조가 우리 심장과 비슷하기에 가능한 수술이었어요.

이산화 탄소는 어떻게 몸 밖으로 빠져나갈까?

추운 겨울에 집을 따뜻하게 하려면 열에너지가 필요합니다. 집에서 장작을 태워 에너지를 얻는 과정은 세포가 영양소와 산소를 이용해 에너지를 만드는 세포 호흡과 비슷해요. 세포가 집이라면 혈관은 길, 장작은 영양소, 혈액은 택배 기사, 장작이 다 타고 생기는 재는 노폐물, 불을 피워서 나는 연기는 이산화 탄소에 비유할 수 있습니다. 세포 호흡을 하면 어떤 노폐물이 생길까요? 그리고 이 노폐물과 이산화 탄소는 어떻게 몸 밖으로 나갈까요?

먼저 이산화 탄소의 처리 과정을 알아봅시다. 눈치 챈 친구들도 있죠? 앞 장에서 호흡계와 순환계를 배울 때 이미 언급한 내용이거든요! 세포는 세포 호흡의 결과로 생긴 이산화 탄소를 가까이 있는 모세혈관으로 방출해요. 이산화 탄소는 정맥을 따라 심장으로 이동합니다. ❸ 심장의 우심실에서 나온 혈액을 타고 폐로 들어온 이산화 탄소는 폐포의 모세혈관을 통해 몸 밖으로 빠져나갑니다. 이렇게 폐는 산소의 흡수뿐만 아니라 이산화 탄소의 배출에도 관여하는 기관입니다.

우리 몸의 정수기, 콩팥

이산화 탄소는 호흡계와 순환계가 협력해 잘 처리해 주었네요. 하지만 세포 호흡이 끝나면 이산화 탄소뿐만 아니라 노폐물도 함께 만들어져요. 혈액 속에 들어 있는 노폐물을 잘 걸러 오줌의 형태로 몸 밖으로 내보내는 데 관여하는 기관들을 **배설계**라고 합니다. 콩팥, 오줌관, 방광 등이 배설계에 속합니다.

사람의 몸에 콩팥은 2개가 있으며 혈액을 깨끗하게 걸러 주는 정수기와 같은 역할을 합니다. 콩팥 안에서 정수기의 필터와 같은 역할을 하는 구조가 있는데 이를 **네프론**이라 합니다. 혈액 속 노폐물은 네프론 안에 있는 모세혈관을 지나면서 걸러지게 됩니다. 이 과정을 **여과**라고 합니다.

사실 콩팥은 정수기보다 훨씬 정교합니다. 우리 몸에 필요한 성분(아미노산, 포도당)이 여과되었을 경우에는 다시 혈액으로 재흡수하고, 우리 몸에 불필요한 성분이 혈액에 남아 있을 때는 오줌으로 다시 분비하는 과정까지 수행하기 때문입니다. 콩팥의 여과, 재흡수, 분비 활동으로 노폐물은 오줌이 되어 우리 몸으로부터 빠져나가요. 이러한 배설계의 활약 덕분에 우리는 혈액을 깨끗한 상태로 유지할 수 있습니다.

방광이 없는 동물도 있다고?

사람의 배설기관에 왜 콩팥이라는 이름을 붙였을까요? 콩처럼 생기고 팥 같은 색을 가졌기 때문이랍니다. 우리의 콩팥은 크기가 주먹만 하며 허리 뒤쪽에 위치하고 있어요. 다른 동물들의 배설기관도 콩처럼 생겼을까요? 사는 곳과 생활 방식에 따라 동물들의 배설기관은 저마다 구조가 다릅니다. 배설 물질도 동물마다 달라요.

편형동물(플라나리아), 환형동물(지렁이), 절지동물(곤충)의 배설기관은 관 형태인데, 각각 순서대로 원신관, 후신관, 말피기관이라고 부릅니다. 말피기관은 소화관과 연결되어 있어 곤충은 똥과 오줌을 함께 배출해요.

여기서 잠깐! 우리 몸에서 에너지원으로 쓰이는 영양소를 복습해 볼까요? 3대 영양소로 불리는 탄수화물, 단백질, 지방이 그것입니다. 이 영양소들은 분해되면 공통적으로 물과 이산화탄소를 발생시킵니다. 그런데 단백질은 분해되면 물과 이산화탄소뿐 아니라 **암모니아**도 함께 만들어 냅니다. 암모니아는 질소를 함유하고 있는 질소노폐물 중 하나입니다. 사람이 배설하는 노폐물은 주로 **요소**라는 물질로 이루어져 있는데, 요소는 사실 이 암모니아가 변형되어서 만들어진 거예요. 암모니아는 독성이 높습니다. 그래서 우리 몸은 간에서 암모니아를 독성이 약한 요소로 해독한 다음 콩팥을 통해 오줌으로 배출합니다.

동물들은 사는 환경에 따라 질소노폐물을 배출하는 방법이 다르답니다. 물에서 사는 생물은 암모니아를 그대로 배출합니다. 물속에서는 암모니아를 바로 물로 내보낼 수 있기 때문에 굳이 요소로 바꿀 필요가 없는 것이죠. 양서류의 경우 물속에서 사는 올챙이 시절에는 암모니아를, 육상 생활을 하는 성체 시기에는 요소를 배출하는 것으로 알려져 있습니다.

새똥을 맞아 본 적이 있나요? 소변보다는 더 진한 덩어리 형태인 것을 관찰할 수 있는데 이것은 사실 똥과 오줌이 합쳐진 것이에요. 새는 방광이 없고 오줌관과 항문이 합쳐져 있어서 똥 오줌을 함께 배출합니다. 조류가 배출하는 질소노폐물은 농축된 형태의 **요산**입니다. ❹ 요산은 수분이 거의 없는 반고체이며 물에 녹지 않는 물질로 곤충, 파충류, 조류가 배설하는 노폐물입니다. 방광이 없어서 몸이 가벼운 새는 요산의 형태로 노폐물을 농축해 몸 밖으로 내보내기 때문에 수분을 보존할 수 있어요. 새의 배설계는 날아다니는 생활에 유리하게 적응한 것임을 알 수 있습니다.

동물이 어디에 사느냐에 따라 오줌의 양과 농도도 달라집니다. 먼저 농도가 다른 두 용액이 막을 사이에 두고 있다고 생각해 봅시다. 양쪽의 농도가 같아지려면 물이 어느 쪽으로 이동해야 할까요? 묽은 용액에서 진한 용액 쪽으로 이동해야 하겠죠. 그래야 진한 용액은 묽어지고 묽은 용액은 진해지면서 양쪽의 농도가 같아지니까요. 이처럼 물이 농도가 낮은 쪽에서 높은 쪽으로 이동하는 현상을 **삼투 현상**이라고 합니다.

바닷물의 농도는 물고기 체액의 농도보다 진합니다. 즉 바다에 사는 어류는 물이 몸에서 빠져나가는 환경에 살고 있는 것입니다. 따라서 수분을 보존하기 위해 진한 오줌을 조금만 배출합니다. 반대로 민물에 사는 어류는 물이 몸으로 들어오는 환경에 살고 있는 것이죠. 따라서 농도가 묽은 오줌을 많이 배출해요. 강과 바다를 오가는 연어는 환경에 맞추어 오줌의 양과 농도를 바꾼다고 합니다. ❺ 낙타나 캥거루쥐처럼 물이 부족한 사막에 사는 동물들도 몸속 수분을 보존하기 위해 진한 오줌을 조금만 눕니다. 이는 모두 수분을 보존하기 위해 동물이 환경에 적응한 예라고 할 수 있습니다. 이처럼 배설계는 노폐물의 배출뿐만 아니라 몸속 수분을 유지하고 조절하는 일에도 관여함을 알 수 있습니다.

소화계, 호흡계, 순환계, 배설계는 각각 고유의 기능을 수행하면서도 서로 협력합니다. 에너지 생성에 필요한 영양소와 산소를 세포에 공급하고 노폐물을 몸 밖으로 내보냅니다. 각 기관이 힘을 합쳐 생명 활동이 원활하게 이루어지게 하는 것이죠. 오케스트라에서 여러 악기가 각자의 역할에 따라 소리를 내어 아름다운 하모니를 완성하는 것처럼, 우리 몸도 각 기관계가 조화롭게 작용하고 있답니다.

30초 복습 퀴즈

배운 내용을 찬찬히 떠올리며 아래 빈칸을 채워 보세요.

세포 호흡으로 만들어지는 이산화 탄소는 ❶(   )계를 통해, 노폐물은 ❷(   )계를 통해 몸 밖으로 빠져나간다. 심장에서 나온 혈액은 동맥, ❸(   ), 정맥을 거쳐 다시 심장으로 돌아온다. 사람의 혈액은 폐 순환과 온몸 순환이라는 두 가지 순환 경로를 거친다. 단백질이 분해되면 물과 이산화 탄소 이외에 암모니아와 같은 ❹(   )노폐물이 생성된다. 콩팥은 혈액에 있는 요소와 같은 노폐물을 걸러주는 기관으로 ❺(   )이라는 기본 구조를 가지고 있다. 생명 활동을 유지하기 위해서는 소화계, 호흡계, 순환계, 배설계의 협력이 필요하다.

정답 ❶호흡 ❷배설 ❸모세혈관 ❹질소 ❺네프론

생물은 어떻게 성장하고 번식하나요?

30초 예습 퀴즈

생식과 유전에 대해 얼마나 알고 있는지 OX 문제를 풀어 보세요.

❶ 코끼리를 구성하는 세포는 쥐의 세포보다 크기가 크다. (O , X)

❷ 부모에게 각각 하나씩 물려받으며 크기와
   모양이 같은 염색체를 상동 염색체라고 한다. (O , X)

❸ 염색체 수가 같으면 같은 종이다. (O , X)

❹ 거북과 악어는 부화 온도에 따라 성별이 결정된다. (O , X)

❺ 멘델은 완두를 교배하는 실험을 통해 열성 유전자가
   사라진다는 것을 발견했다. (O , X)

정답 ❶X ❷O ❸X ❹O ❺X

우리는 어떻게 태어났을까요? 생명 탄생의 시작은 엄마의 난자와 아빠의 정자가 만나 만들어진 수정란이라는 작은 세포 입니다. 이 세포 하나로부터 시작해서 지금 우리는 이렇게 크게 성장했습니다. 지구의 다른 생물들도 작은 세포에서 커다란 개 체로 성장합니다. 생물이 탄생하고 자라는 과정이 정말 신비롭 지 않나요?

더불어 우리는 엄마와 아빠를 무척이나 닮기도 했죠. 생명 체는 어떻게 자신과 닮은 자손을 만드는 걸까요? 생식과 유전 의 비밀을 파헤쳐 봅시다.

세포는 왜 분열할까?

생물은 세포로 이루어져 있습니다. 아메바 같은 생물은 세포가 하나뿐인 생명체입니다. 단세포 생물이라고 하죠. 사람, 코끼리, 쥐와 같은 동물은 세포 여러 개로 구성된 다세포 생물입니다.

코끼리는 몸집이 크고 쥐는 몸집이 작습니다. 그렇다면 코끼리의 세포는 쥐의 세포보다 크기가 클까요? ❶ 두 동물을 구성하는 세포의 크기는 비슷합니다. 대신 몸집이 큰 코끼리는 쥐보다 많은 수의 세포를 가지고 있습니다. 큰 몸집을 구성하려면 세포 크기를 키우면 될 텐데 왜 생명체는 세포를 쪼개어 그 수를 늘리는 쪽으로 진화했을까요?

세포가 둘로 나누어지는 과정을 **세포 분열**이라고 합니다. 생물체가 세포 분열을 하는 이유를 간단한 실험을 통해 알아봅시다. 굵기와 길이가 같은 가래떡을 두 접시에 나눠 담아 볼까요? 한쪽 가래떡은 그대로 두고, 다른 쪽 가래떡은 여러 등분으로 조각냅니다. 그리고 각 접시의 떡에 꿀을 묻혀 봅시다. 어느 쪽 접시의 떡에 꿀을 더 많이 바를 수 있을까요? 여러 등분으로 조각난 쪽에 꿀이 더 많이 묻는 것을 확인할 수 있습니다. 잘린 면만큼 꿀이 묻을 수 있는 표면적이 늘어났기 때문이죠.

세포는 생명 활동을 이어 나가기 위해 외부에서 필요한 물질을 받아들이고, 세포 안의 노폐물은 밖으로 내보내야 합니다. 이러한 물질 교환은 세포의 표면을 통해 이루어집니다. 작은 세포 여러 개는 큰 세포 1개보다 외부와 접하는 표면적이 넓어 물질 교환에 더 유리해요. 따라서 세포는 무한정 커지지 않고 어느 정도의 크기로 성장하면 분열을 통해 그 수를 늘리는 것이랍니다.

우리 몸의 설계도, DNA

세포 분열을 자세히 알아보기 전에 먼저 염색체, DNA, 유전자에 관해 공부해 봅시다.

집을 지을 때는 집에 관한 정보를 담은 설계도가 필요합니다. 마찬가지로 우리 몸을 만들 때도 설계도가 필요합니다. 몸에 관한 정보는 어디에 들어 있을까요? 바로 DNA입니다. DNA가 우리 몸의 설계도인 셈이에요. 유전정보가 들어 있는 DNA는 세포 속 핵에 소중히 보관되어 있습니다.

DNA는 평소에는 긴 실의 형태로 풀려 있습니다. 이를 **염색사**라고 부릅니다. 염색사는 세포 분열을 할 때 꼬이고 감겨 X자

형태로 뭉친 **염색체**가 됩니다. 염색체라는 이름은 염색약에 잘 물든다고 해서 붙여진 이름이랍니다. 세포 분열은 이 염색체의 분리와 이동으로 설명할 수 있습니다.

이번에는 염색체의 생김새를 자세히 들여다볼까요? 염색체는 유전물질인 DNA와 단백질로 이루어져 있습니다. 실패에 실이 감겨 있듯이 단백질이라는 뼈대에 긴 DNA 분자가 감겨 있는 구조입니다. **유전자**란 DNA에 담겨 있는 유전정보를 뜻합니다. 염색체를 USB에 비유한다면 그 안에 저장된 파일 하나하나를 유전자라고 할 수 있겠습니다. 하나의 염색체에는 수많은 유전자가 존재한답니다.

그렇다면 세포가 분열할 때 염색사는 왜 뭉쳐서 염색체가 되는 걸까요? 여기 두 종류의 실 뭉치가 있다고 생각해 봅시다. 하나는 마구잡이로 풀려 있는 실 뭉치이고, 다른 하나는 실패에 잘 감겨 있는 실 뭉치입니다. 어느 쪽이 이동하기에 안전하고 편리할까요? 세포가 분열할 때는 유전물질이 이동해야 합니다. 풀려 있는 염색사는 이동이 불편할 뿐만 아니라 끊어질 수도 있어 유전정보가 망가질 위험이 있습니다. 안전하고 손쉽게 유전물질을 옮기기 위해 염색사는 염색체의 형태로 뭉치는 것이랍니다.

생물마다 염색체 수는 정해져 있는데, 사람의 세포는 46개의 염색체를 가지고 있습니다. 모양과 크기가 같은 염색체가 한 쌍씩 있어 총 23쌍이 짝을 이루고 있습니다. 이렇게 ❷ 모양과 크기가 같은 한 쌍의 염색체를 **상동 염색체**라고 합니다. 상동 염색체 한 쌍을 구성하는 염색체 2개 중 하나는 어머니에게서, 다른 하나는 아버지에게서 물려받은 것입니다.

교실을 세포, 학생을 염색체에 비유해 봅시다. 이 교실(세포)에는 46명의 학생(염색체)이 있고, 키와 체형이 닮은 학생들이 2명씩 존재한다고 가정합니다. 닮은 학생들끼리 짝을 지으면 23쌍의 짝꿍이 나옵니다. 짝꿍이 된 학생들의 관계가 바로 상동 염색체의 관계와 같습니다.

염색체 하나(학생 1명)는 중앙 부위(허리)를 중심으로 좌우가 대칭인 모양을 하고 있습니다. 대칭을 이룬 염색체의 좌우 팔과

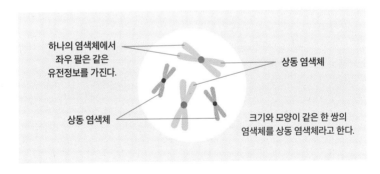

상동 염색체의 특징

다리는 같은 유전정보를 가집니다.

염색체의 수는 생물종에 따라 다양합니다. 같은 종이면 염색체 수가 같습니다. 사람은 46개이고, 개는 78개, 고양이는 38개입니다. 염색체 수가 가장 적은 생물은 말의 회충으로 4개이고, 많은 생물은 북방참집게로 254개나 됩니다. 그런데 염색체 수가 많다고 고등 생물은 아니며, 생물종이 달라도 염색체 수는 같을 수 있습니다. 호랑이와 사자는 38개로 염색체 수가 같습니다. 하지만 ❸ 염색체 수만 같을 뿐 호랑이와 사자는 다른 종이기 때문에 염색체의 크기나 모양, 유전자의 구성 등이 다르답니다.

동물	염색체 수(개)	동물	염색체 수(개)	식물	염색체 수(개)
사람	46	초파리	8	벼	24
침팬지	48	호랑이	38	보리	14
개	78	사자	38	완두	14
고양이	38	말	66	감자	48

생물마다 다양한 염색체의 수

체세포 분열과 생식세포 분열

1. 도마뱀의 꼬리를 다시 자라게 하는 체세포 분열

세포 분열은 크게 두 가지로 나눌 수 있습니다. 첫 번째로 **체세포 분열**에 대해서 알아봅시다. 생물의 몸을 이루는 세포를 체세포라 하고, 체세포 1개가 2개로 나누어지는 것을 체세포 분열이라고 합니다.

하나가 2개가 되는 가장 쉬운 방법은 무엇일까요? 바로 복사본을 만드는 것입니다. 세포도 같은 방법을 씁니다. 유전정보를 가진 DNA를 복사한 다음에 세포 2개에 나누어 담는 것이죠.

세포 분열이 일어나기 전의 세포를 모세포라고 하고, 세포 분열 결과 새로 만들어진 세포를 딸세포라고 합니다. 체세포 분열이 완료되면 모세포와 같은 딸세포 2개가 만들어집니다. 이 딸세포들은 모세포와 유전정보는 물론 염색체의 수와 모양이 똑같습니다. 체세포 분열을 정리하면, '복제 한 번 → 분열 한 번 → 모세포와 같은 딸세포 탄생'으로 요약할 수 있습니다.

딸세포는 성장하다가 어느 정도 커지면 다시 체세포 분열을 반복하게 됩니다. 이렇게 체세포 분열은 세포 수를 늘려 생물의 생장과 생명 활동 유지에 기여합니다. 도마뱀의 꼬리가 잘려 나가도 다시 자라나고 손가락이 베어도 금방 아물 수 있는 것도 모두 체세포 분열 덕분입니다.

2. 유전정보를 자손에게 전달하기 위한 생식세포 분열

생물은 살아 있는 동안 자신과 닮은 자손을 만드는데, 이를 **생식**이라고 합니다. 앞서 배운 체세포 분열은 우리 몸을 이루는 체세포 대부분에서 일어납니다. 반면 **생식세포 분열**은 오직 난소와 정소에서만 일어납니다. 이 과정이 난자와 정자를 만드는 과정입니다. 체세포 분열과는 달리 염색체의 수가 모세포의 절반으로 줄어드는 딸세포가 만들어진다는 뜻에서 **감수 분열**이라고도 한답니다.

생식세포 분열은 체세포 분열과 비교하면 무척 재미있습니다. 체세포 분열은 종이를 한 번 복사해 두 장을 만들어 바구니 2개에 나누어 담는 과정이에요. 체세포 분열이 끝나면 바구니에는 각각 원본과 같은 종이가 들어가죠. 반면 생식세포 분열은 종이를 한 번 복사해 두 장을 만든 다음 바구니 4개에 나누어 담는 과정이라고 할 수 있습니다. 두 번의 분리 작업을 연달아 거치기 때문에 생식세포 분열에서는 결과적으로 바구니에 원본 종이의 절반만이 들어가는 것이죠. 생식세포 분열을 정리하면, '복제 한 번 → 분열 두 번 → 모세포의 절반인 딸세포 탄생'으로 요약할 수 있습니다.

생식세포 분열이 끝나면 염색체 수가 모세포의 절반으로 줄어든 세포, 즉 염색체 23개가 들어 있는 생식세포가 만들어집니다. 우리가 어머니와 아버지 모두를 조금씩 닮은 이유는 이렇게 부모에게 유전물질을 각각 절반씩 물려받았기 때문입니다.

정자와 난자가 만나면 수정란이 됩니다. 정자와 난자는 각각 염색체 수가 체세포의 절반이므로, 절반과 절반이 만나 만들어진 수정란은 체세포와 염색체 수가 같아집니다. 수정란은 체세포 분열을 반복하면서 세포 수를 늘리고, 조직과 기관이 형성되어 사람과 같은 개체가 됩니다. 이와 같이 수정란이 세포 분열을 하면서 여러 과정을 거쳐 개체가 되는 것을 **발생**이라고 합니다. 태아는 엄마의 자궁 안에서 보호받으며 수정된 날로부터 약 266일 동안 발생 과정을 거쳐 사람의 모습으로 자라나죠.

그렇다면 식물은 어떨까요? 식물의 생식기관은 무엇일까요? 바로 꽃입니다. 꽃에 있는 수술의 꽃밥, 암술의 밑씨가 바로 식물에서 생식세포를 만드는 기관이랍니다. 그런데 꽃 없이 번식하는 식물도 있습니다. 이끼류와 고사리류가 그에 해당해요. 이들은 꽃 대신 포자라는 입자를 만들어 번식합니다. 다육식물은 잎을 떼어 탁자 위에만 올려놔도 뿌리가 납니다. 이처럼 분열 능력이 왕성한 세포들이 모인 부분에서 새로운 식물체를 성장시키는 번식법을 영양생식이라고 합니다. 감자를 좋아한다면 감자의 영양생식에 도전해 보세요. 감자의 씨눈을 땅에 심으면 거기서 뿌리와 새로운 잎이 돋아나는 것을 관찰할 수 있을 거예요.

생물마다 다양한 성 결정 방식

앞서 사람은 23쌍 46개의 염색체를 가진다고 배웠죠. 이중 성별의 결정에 관여하는 염색체 한 쌍을 **성염색체**라고 부르고, 성염색체를 제외한 나머지 염색체 22쌍을 **상염색체**라고 합니다. 성염색체에는 X염색체와 Y염색체가 있는데, 성염색체 한 쌍이 XX이면 여성이 되고, XY이면 남성이 됩니다. 그러나 모든 동물의 성별이 사람과 같은 방식으로 결정되지는 않습니다.

염색체가 아니라 환경에 따라 성별이 결정되는 동물도 있습니다. ❹ 파충류는 부화 온도에 따라 성별이 결정됩니다. 붉은귀거북은 낮은 온도(28도 이하)에서는 모두 수컷으로 태어나고, 높은 온도(31도 이상)에서는 암컷으로 태어납니다. 그 사이의 온도에서는 암수가 모두 태어나요. 악어거북의 경우는 22도 이하이거나 28도 이상에서는 암컷이 태어나고 그 중간 온도에서는 수컷이 태어날 확률이 높습니다. 최근에는 기후 변화 때문에 이들의 성비 불균형이 매우 심해졌다고 하니 지구 온도 상승을 막기 위한 우리의 적극적인 노력이 더욱 필요한 때입니다.

어떤 곳에 사느냐에 따라 성별이 결정되는 동물도 있습니다. 슬리퍼달팽이가 대표적인데, 만일 암컷 옆에 있으면 수컷으로 태어나고 반대로 수컷 옆이라면 암컷이 된다고 합니다.

상황에 따라 성별이 바뀌는 동물도 있습니다. 많은 어류가 집단의 상호작용에 따라 스스로 성별을 바꿀 수 있습니다. 바다망둥이는 변신의 귀재입니다. 여러 번 성별을 바꿀 수 있거든요. 암컷 망둥이는 집단의 수컷이 죽으면 수컷이 될 수 있습니다. 그러나 더 큰 수컷이 집단에 들어오면 다시 암컷으로 되돌아갑니다.

개미와 벌은 수정 여부에 따라 성별이 결정됩니다. 수정란은 분열하면 암컷이 됩니다. 사람의 경우 미수정란은 아무것도 되지 못하지만, 개미와 벌의 미수정란은 체세포 분열을 할 수 있으며 수컷이 됩니다.

멘델이 밝힌 유전의 기본 원리

자손이 왜 부모를 닮는지 궁금해한 과학자가 있었습니다.

바로 19세기 오스트리아의 수도사이자 과학자였던 그레고어 멘델인데요. 멘델은 완두를 이용한 실험으로 유전 원리를 발견했답니다. 멘델의 재미난 완두 교배를 따라가 볼까요?

생물이 지니고 있는 여러 가지 특성을 **형질**이라고 해요. 예를 들면 완두의 색이나 모양이 형질에 해당합니다. 그리고 노란색 완두와 녹색 완두처럼 뚜렷하게 대비되는 형질을 **대립 형질**이라고 해요.

멘델은 노란색 유전자만을 가진 완두(노란색 순종 완두)와 녹색 유전자만을 가진 완두(녹색 순종 완두)를 교배했습니다. 그랬더니 자손 1대에서는 항상 노란색 완두만이 나왔습니다. 그는 자손 1대에 나타나는 형질을 **우성**, 나타나지 않는 형질을 **열성**이라고 이름 지었어요. 이렇게 우성 순종과 열성 순종을 교배했을 때 자손 1대에서 우성만 나타나는 유전 원리를 **우열의 원리**라고 불러요.

멘델은 자손 1대에서 나타나지 않은 열성 형질(녹색)이 사라진 것인지 아니면 숨어 있는 것인지 궁금했어요. 그래서 자손 1대끼리 자가수분을 해 보았습니다. 자가수분이란 유전자가 같은 개체끼리 교배하는 것을 말해요. 결과는 흥미로웠어요. ❺ 자손 1대에서는 나타나지 않았던 녹색 완두가 자손 2대에서 나타난 것이죠. 열성 형질은 사라지지 않고 숨어 있던 것입니다.

어떻게 자손 2대에서 녹색 완두가 나타난 걸까요? 멘델은 완두의 색깔을 결정 짓는 유전자가 한 쌍을 이루고 있다고 생각했어요. 이해를 돕기 위해 우성인 노란색 완두의 유전자를 Y로 표시하고 열성인 녹색 완두의 유전자를 y로 나타내 볼게요. 순종끼리 교배(YY와 yy의 교배)해서 얻은 자손 1대는 모두 Yy가 됩니다. 그래서 자손 1대에서는 열성이 드러나지 못해요. 멘델은 유전자가 원래 한 쌍이었지만 감수 분열이 일어날 때 분리되어 서로 다른 생식세포로 들어간다고 생각했습니다. 이러한 유전 현상을 **분리의 법칙**이라고 부릅니다.

Yy인 세포는 감수 분열을 통해 Y 생식세포와 y 생식세포, 이렇게 두 종류를 만들 수 있습니다. 이들이 무작위로 만나 수정되면 YY, Yy, yy인 세포가 만들어집니다. 이때 열성만으로 구성된 세포(yy)가 녹색 완두가 되는 것입니다. 자손 2대에서 숨어 있던 녹색이 비로소 발현되는 순간이죠.

멘델은 완두의 색뿐만 아니라 모양에도 눈을 돌렸습니다. 두 가지 유전자를 동시에 생각해 본 것이죠. 색과 모양이 서로에게 영향을 주는지가 궁금했던 것입니다. 그래서 멘델은 노랗고 둥근 모양의 순종 완두(YYRR)와 녹색에 주름진 모양의 순종 완두(yyrr)를 교배해 보았습니다. 그리고 여기서 얻은 자손 1대(YyRr)로 자가수분을 해 보았습니다. 교배 결과 두 유전자는 서로에게 영향을 주지 않는 것이 밝혀졌습니다. 50원짜리 동전과 100원짜리 동전의 앞면이 나올 확률과 뒷면이 나올 확률이 독립적인 사건인 것처럼, 완두의 색과 모양은 서로에게 영향을 주지 않는 것이죠. 이처럼 두 유전자가 독립적으로 다음 세대에게 전해지는 현상을 **독립의 법칙**이라 합니다.

현재에 와서는 멘델이 발견한 우열의 원리와 독립의 법칙이 적용되지 않는 사례들이 많이 발견되었습니다. 하지만 멘델의 연구는 수치화된 데이터를 제시하고 유전자의 기본 개념을 처음 세웠으며, 유전학 연구에 기초가 되어 주었다는 점에서 큰 의의가 있습니다.

배운 내용을 찬찬히 떠올리며 아래 빈칸을 채워 보세요.

생물은 ❶(   ) 분열을 통해 세포 수를 늘리고 성장하며, 생식세 포 분열을 통해 체세포가 가진 염색체의 절반을 가지는 생식세포를 만든 다. 염색체에는 유전물질인 ❷(   )가 있고, ❷(   )에는 유 전정보인 유전자가 담겨 있다. 성별을 결정하는 방식은 다양한데 사람은 ❸(   )에 따라, 악어와 거북은 온도에 따라, 어떤 달팽이는 위 치에 따라, 개미와 벌은 ❹(   ) 여부에 따라 성이 결정된다. 성이 바 뀌는 동물도 있다. 멘델은 우열의 원리, ❺(   )의 법칙, 독립의 법칙 이라는 세 가지 유전학의 기초 원리를 제시했다.

정답 ❶체세포 ❷DNA ❸성염색체 ❹수정 ❺분리

5

감각은
생존에 어떻게
도움이 되나요?

30초 예습 퀴즈

감각에 대해 얼마나 알고 있는지 OX 문제를 풀어 보세요.

❶ 망막에서 시각 세포가 없는 부분을 황반이라고 한다.　　　(O , X)

❷ 거미는 눈이 10개다.　　　(O , X)

❸ 곤충들은 귀가 다리에 있다.　　　(O , X)

❹ 동물은 진화 과정에서 시각과 청각보다 후각이 먼저 발달했다.　(O , X)

❺ 방울뱀은 자외선을 볼 수 있다.　　　(O , X)

집으로 가는 길에 어디선가 맛있는 냄새가 솔솔 납니다. 나도 모르게 발걸음이 그곳으로 향합니다. 빵집 앞에 갓 구운 빵이 진열되어 있네요. 너무 먹음직스러워 보입니다. "1+1 세일이에요!" 빵집 직원의 말에 빵을 냉큼 사서 폭신폭신한 감촉을 느낍니다. 한입 베어 물자 그 달콤함에 행복감이 밀려듭니다.

우리는 코로 냄새를 맡고, 눈으로 사물을 보며, 귀로 소리를 듣고, 혀로 맛을 느끼고, 피부로 감촉을 느끼며 세상을 인지합니다. 이러한 자극들은 우리가 살아가는 데 중요한 정보입니다. 우리 몸은 감각을 통해 주변을 정확하게 인지하고 반응해요. 시각, 청각, 후각을 중심으로 재미있는 감각 여행을 떠나 볼까요?

우리 눈은 정밀한 카메라

우리는 빛을 통해 사물의 모양이나 색깔, 사물과의 거리 등을 느끼는데, 이러한 감각을 **시각**이라고 하죠. 빛을 인지하는 감각기관이 눈입니다. 눈은 밖에서 안쪽 순서로 각막, 홍채, 수정체, 유리체, 망막 등으로 이루어져 있습니다. 성인의 안구는 길이가 24밀리미터 정도로 탁구공만 한 크기예요.

1. 암막 스크린과 같은 망막

눈에 닿는 빛이 어떻게 우리 몸속 신경까지 다다르는지 따라가 볼까요? 물체로부터 나오거나 반사된 빛은 먼저 각막과 수정체를 통과합니다. 이때 빛의 굴절이 일어나요. 굴절된 빛은 유리체를 지나 망막에 상을 맺습니다. 눈 전체를 사진관에 비유한다면 망막은 암막 스크린이라고 생각하면 쉽습니다. 망막에 빛의 상이 맺히면 망막에 밀집된 시각 세포들이 빛을 인지할 수 있습니다. 특히 ❶ 망막 중 황반이라는 부분은 시각 세포들이 많아 가장 세밀하게 빛을 감지하는 곳이랍니다. 망막에 분포한 시각 세포에는 긴 꼬리가 있는데, 이 꼬리는 다발 형태로 모여 뇌까지 연결되어 있습니다. 시각 정보가 시각신경 다발을 지나 뇌로 전달되면 뇌는 망막에 맺힌 이미지를 인식하게 됩니다.

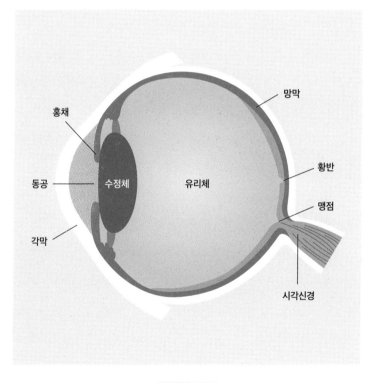

우리 눈의 구조

2. 카메라의 렌즈와 같은 수정체

수정체는 흔히 카메라의 렌즈에 비유됩니다. 사물의 모습이 망막에 잘 맺히도록 빛을 굴절시키기 때문입니다. 차이가 있다면 카메라는 렌즈의 거리를 조절해 초점을 맞추는 반면, 수정체는 두께를 조절해 초점을 맞춘다는 것이죠. 수정체는 가까운 물체를 볼 때는 두꺼워지고, 멀리 있는 물체를 볼 때는 얇아져서 망막에 상이 정확히 맺히도록 해 줍니다.

수정체가 렌즈라면 각막은 렌즈를 보호하는 커버라고 할 수 있습니다. 각막과 수정체 사이에는 홍채가 있습니다. 동공의 크기를 키웠다 줄였다 하며 빛의 양을 조절해 주기 때문에 홍채는 카메라의 조리개와 비슷해요. 우리가 말하는 눈동자의 색이 바로 이 홍채의 색입니다. 거울로 눈동자를 잘 들여다 보면 홍채의 중앙이 뚫려 있는 것을 볼 수 있어요. 이 구멍을 동공이라고 합니다. 빛은 동공을 통해 눈 안으로 들어갑니다. 밝은 곳에서는 홍채가 조여져서 동공이 작아집니다. 그러면 눈 안으로 들어가는 빛의 양이 줄어들어요. 반대로 어두운 곳에서는 홍채가 바깥쪽으로 당겨져서 동공이 커지고, 빛을 많이 받아들일 수 있게 됩니다.

이처럼 눈이 초점과 빛의 양을 조절해 주기에 우리는 물체를 또렷하게 볼 수 있는 것입니다.

각막은 눈의 표면에서도 가장 바깥쪽에 있어 빛이 가장 먼저 통과하는 부분입니다. 여기서 빛의 굴절이 일어나요. 이 각막을 레이저로 깎아 내 굴절률을 변화시켜 시력을 교정하는 수술이 바로 라식과 라섹입니다. 각막을 통과한 빛은 수정체를 지나며 다시 꺾입니다. 수정체는 투명한 것이 정상인데 이 수정체가 탁해져서 시력이 떨어지는 병을 백내장이라고 해요. 시각신경이 손상되어 시야가 좁아지거나 시력을 잃게 되는 병은 녹내장이라고 합니다.

동물들의 눈이 지닌 경이로운 능력

최초로 눈을 가진 동물은 고생대의 삼엽충입니다. 삼엽충의 화석에서 관찰되는 겹눈은 구조는 단순하지만 수정체를 가지고 있습니다.

눈의 발달은 동물에게 어떤 혜택을 주었을까요? 눈이 없었을 때 동물은 사냥 자체를 할 수 없었습니다. 지나가던 먹잇감이 입으로 우연히 들어오기만을 마냥 기다려야 했죠. 하지만 눈을 갖게 된 이후에는 먹이를 정확하게 인지하고 빠르게 잡아먹을 수 있게 되었습니다. 그러자 먹이가 되는 동물도 잡아먹히

지 않기 위해 보호색을 가지거나, 빠르게 헤엄치거나, 굴을 파서 몸을 숨기는 등의 생존 전략을 덩달아 발전시켰습니다. 이렇게 눈의 발달은 동물의 진화에 커다란 원동력이자 계기가 되어 주었어요.

1. 눈 속에 눈이 있는 곤충의 겹눈

많은 곤충이 겹눈을 가지고 있어요. 겹눈은 좁고 긴 낱눈들이 벌집 모양으로 겹겹이 모여 있는 형태라고 해서 붙인 이름이에요. 그래서 겹눈을 가진 곤충들은 세상을 모자이크처럼 본다고 하네요. 낱눈으로는 사물을 선명하게 볼 수는 없지만 가느다란 빛을 잘 감지할 수 있습니다. 그래서 낱눈이 많이 모이면 사물의 움직임을 포착하는 데 매우 유리해집니다. 수많은 낱눈이 모인 겹눈은 포식자에게 끊임없이 위협을 당하는 곤충에게 매우 유용해요. 낱눈이 가장 많은 곤충은 잠자리입니다. 거대한 겹눈 2개가 잠자리 머리의 대부분을 차지하고 있는데 이 겹눈 하나에 무려 2만 8,000개의 낱눈이 모여 있다고 하네요.

사람의 눈은 초당 50번까지의 반짝임을 인지할 수 있지만, 곤충의 눈은 그 6배 이상의 속도로 깜빡거리는 빛을 감지할 수 있습니다. 여러 장의 사진을 연속적으로 보여 주면 사람은 동영상으로 인식하는 데 비해 곤충은 사진을 한 장씩 넘기는 것으로 본다는 이야기죠. 사람이 손으로 파리를 잡으려 할 때 파리 눈에는 그 움직임이 슬로모션으로 보이기 때문에 쉽게 도망칠 수 있는 것입니다.

모든 곤충의 시력이 좋은 것은 아닙니다. 무당벌레는 눈이 나쁩니다. 색깔을 구별하지 못하죠. 오직 밝기만으로 구별되는 흑백 세상에 살고 있습니다. 그러나 시력이 나쁜 대신 더듬이의 감각이 발달해서 냄새와 맛으로 먹이를 잘 찾을 수 있다고 합니다.

꿀벌은 사람에게는 보이지 않는 자외선 영역을 볼 수 있습니다. 꿀벌이 보는 세상이 궁금하다면 자외선 카메라로 꽃을 관찰해 보세요. 사람이 보는 꽃과 꿀벌이 보는 꽃이 서로 상당히 다른 색감과 문양을 가지고 있음을 확인할 수 있답니다.

거미는 홑눈을 가지고 있습니다. 낱눈이 모인 겹눈을 가진 생물은 사물을 선명하게 볼 수 없지만 시야가 넓은 반면, 홑눈을 가진 생물은 시야가 좁은 대신 사물을 선명하게 볼 수 있답니다. 목을 돌릴 수 없는 거미는 홑눈 2개로 모든 방향의 환경을 살피는 데 한계가 있었습니다. 그래서 눈의 개수를 늘려서 이러한 문제점을 극복했습니다. ❷ 거미의 홑눈은 무려 8개라고 합니다.

2. 인간의 눈보다 효율적인 오징어의 눈

우리 망막에는 시각 세포가 분포되어 있고 그중 시각 세포가 특히 많이 모여 있는 부분을 황반이라고 했습니다. 그런데 사람의 망막에서 시각 세포가 없는 부분도 있습니다. 이 부분을 맹점이라고 해요. 황반에 상이 맺히면 아주 또렷하게 사물을 인지할 수 있지만, 맹점에 상이 맺히면 사물을 인지할 수 없습니다.

맹점은 혈관과 시각신경 다발이 모여 안구 밖으로 빠져나와 뇌로 향하는 길목에 있습니다. 맹점이 있는 이유는 혈관과 시각신경 다발이 망막 뒤쪽이 아닌 앞쪽에 있기 때문입니다. 컴퓨터와 연결된 스크린에 비유해 볼게요. 암막 스크린(망막)에 맺힌 시각 정보는 케이블(시각신경 다발)을 따라 컴퓨터(뇌)에 전달됩니다. 그런데 컴퓨터는 스크린 뒤에 있는데 케이블은 스크린 앞에 있는 상황에서 둘을 연결하려면 어떻게 해야 할까요? 케이블이 스크린을 관통하는 방법밖에 없습니다. 스크린에 구멍(맹점)을 내는 셈입니다. 당연히 구멍 난 부위에서는 어떤 정보도 처리할 수 없습니다.

이러한 문제점이 없는 동물도 있습니다. 바로 오징어인데요. 오징어는 맹점이 없습니다. 혈관과 시각신경 다발이 애초에 망막 뒤쪽에 존재하기 때문입니다. 눈에 있어서는 오징어가 사람보다 효율적인 구조를 가지고 있죠.

3. 인간보다 뛰어난 시력의 동물들

가장 시력이 뛰어난 동물로 알려진 매는 사람보다 4~8배나 멀리 볼 수 있습니다. 매의 황반에는 사람보다 5배 더 많은 시각 세포가 존재하기 때문입니다. 게다가 매는 황반이 2개입니다. 정면을 응시할 때 사용하는 황반과 좌우를 폭넓게 볼 때 사용하는 황반을 하나씩 가지고 있어서 사람보다 훨씬 넓은 영역을 볼 수 있습니다. 보통 초식동물은 눈이 얼굴의 옆에 있어서 넓게 볼 수 있고, 육식동물은 눈이 얼굴의 정면에 있어서 목표물을 집중해서 정확히 볼 수 있어요. 매의 눈은 이 둘의 장점을 모두 가진 것이죠. 하지만 매의 눈에도 단점은 있습니다. 어두운 곳에서는 아무것도 볼 수 없다는 것입니다. 시각 세포에는 크게 두 종류가 있습니다. 매에게는 밝은 곳에서 색을 구별하는 시각 세포가 많은 반면, 어두운 곳에서 빛을 감지하는 시각 세포는 거의 없습니다.

밤눈이 밝은 동물도 있습니다. 고양이, 올빼미, 부엉이와 같은 동물들은 빛을 감지하는 시각 세포가 많아 어두운 곳에서 더 잘 볼 수 있습니다. 고양이의 동공은 세로로 길어서 둥근 모양의 동공보다 확장 범위가 넓은 데다 빠르게 크기를 바꿀 수도 있어요. 더불어 망막 뒤에 빛을 반사하는 반사판을 가지고 있어 빛을 더 잘 모을 수 있답니다.

올빼미와 부엉이는 희미한 달빛 아래에서도 먹잇감을 충분히 식별할 수 있습니다. 눈이 몸집에 비해 매우 큰 것도 밤에 잘 볼 수 있는 이유 중 하나입니다. 또한 올빼미와 부엉이는 눈동자를 움직이지 못하는 대신 270도까지 돌아가는 목을 이용해 모든 방향을 볼 수 있습니다. 사람은 목이 270도 돌아가면 죽을 수 있어요. 단점을 다른 기능으로 보완하는 동물들의 능력이 참 신기하죠?

눈이 없는 동물도 있습니다. 심해에 사는 동물이나 두더지는 눈이 필요 없어서 흔적만 남아 있답니다.

소리와 움직임을 느끼는 귀

일상에서 듣는 다양한 소리는 물체의 진동으로 생깁니다. 우리 귀는 공기의 떨림으로 전달되는 소리를 자극으로 받아들여 느끼는데, 이러한 감각을 **청각**이라고 합니다. 귀는 귓바퀴, 귓구멍, 고막, 귓속뼈, 달팽이관, 반고리관, 전정기관 등으로 이루어져 있습니다.

소리가 귓바퀴에 모여 귓구멍을 지나 고막에 다다르면 고막이 진동합니다. 이 진동은 귓속뼈를 지나면서 더욱 커져 달팽이관으로 전달됩니다. 달팽이관에 있는 청각 세포가 이 진동 자극을 받아들이죠. 진동 자극이 청각 신경을 통해 뇌로 전달되면 우리는 소리를 인식할 수 있습니다.

귀는 청각뿐만 아니라 평형감각도 느낍니다. 평형감각이란 몸의 회전이나 움직임 등을 느끼는 것을 말합니다. 반고리관은 몸의 회전을 느끼게 하고, 전정기관은 기울어짐을 느끼게 합니다. 귀의 평형감각과 시각 정보가 서로 일치하지 않을 때 우리는 멀미를 느끼게 된답니다.

1. 곤충의 귀는 다리에 있다고?

❸ 곤충의 귀는 대개 다리에 있습니다. 공기가 차 있는 몸속 공간을 고막이 막고 있는 구조죠. 귀뚜라미의 귀는 앞다리에 위치해 있어요. 음파가 다리의 고막을 진동시키면 소리 정보가 뇌로 전달됩니다. 같은 원리로 바퀴벌레도 사람의 발자국이 내는 소리를 다리로 느껴 빠르게 도망칠 수 있습니다.

밤에 활동하는 박쥐는 시력이 매우 나쁜 동물인데도 아주 빠른 속도로 날아 먹이를 낚아채는 능력을 가지고 있습니다. 박쥐의 청각이 매우 우수하기 때문에 가능한 일입니다. 인간이 들을 수 있는 소리의 주파수는 20~2만 헤르츠인데 박쥐는 이를 훨씬 웃도는 5만~10만 헤르츠의 초음파를 감지하며, 초음파를 스스로 만들어 낼 수도 있습니다. 박쥐는 초음파가 먹이에 부딪혀 생기는 메아리를 인식해 깜깜한 밤에도 먹이의 위치를 정확하게 파악할 수 있어요. 그래서 어둠 속에서 아주 작은 곤충도 잡아먹을 수 있습니다.

동물마다 들을 수 있는 주파수의 범위는 다릅니다. 조류는 사람과 비슷하고, 양서류와 파충류는 저음에 민감하며, 곤충은 고음에 민감해요. 박쥐를 비롯한 몇몇 동물들은 사람이 느끼지 못하는 초음파를 감지합니다. 고래는 물속에서 7헤르츠 이하의 초저주파를 감지할 수 있고, 코끼리는 14~16헤르츠의 저주파를 감지할 수 있어서 우리 귀에 들리지 않는 소리로 복잡한 대화를 나눕니다. 개는 4만 5,000헤르츠까지 들을 수 있어서 개만 들을 수 있는 호루라기 소리가 있다고 합니다. 고양이는 개보다 더 청력이 좋아서 6만 4,000헤르츠의 소리까지 들을 수 있습니다. 돌고래도 박쥐처럼 10만 헤르츠 이상의 초음파를 감지할 수 있습니다.

물속에서 사는 물고기는 어떨까요? 물고기는 공기의 떨림이 아닌 물의 파동을 인지해요. 물고기의 귀는 고막과 달팽이관이 없으며 몸 밖으로 뚫려 있지 않습니다. 음파 때문에 생기는 물의 진동은 머리뼈를 거쳐 바로 귀로 전달됩니다. 공기가 차 있는 부레는 소리에 반응해 진동함으로써 소리가 귀로 전달되는 것을 돕습니다. 물고기와 양서류 대부분은 귀 말고도 옆줄이라는 감각기관을 가지고 있습니다. 몸의 양 측면을 따라 나 있는 옆줄은 낮은 주파수의 파동을 감지할 수 있습니다. 물이 흐르는 방향과 물의 속도, 포식자의 움직임 등을 느끼게 해 준답니다.

몸을 안전하게 지키는 후각

코는 공기 중에 있는 기체 상태의 화학물질을 자극으로 받아들이는데, 이러한 감각을 **후각**이라고 해요. 화학물질을 감지하기 때문에 후각을 화학적 감각이라고도 부릅니다. 콧속 윗부분에는 후각 세포가 분포되어 있습니다. 콧속으로 들어온 화학물질이 후각 세포에 닿으면 그 정보가 후각 신경을 따라 대뇌로 보내져 우리가 냄새를 느낄 수 있게 됩니다. 코에 있는 약 500만 개의 후각 세포는 2,000~4,000가지 냄새를 구별할 수 있어요. 후각 세포의 수명은 약 3개월입니다.

후각은 작은 변화에도 반응하는 매우 민감한 감각이지만, 쉽게 피로해지기 때문에 같은 냄새를 오래 맡고 있으면 나중에는 잘 느끼지 못하게 됩니다. 화장실 냄새를 오래 느끼지 않아도 되니 다행이죠?

갓 구워 낸 빵 냄새를 맡으면 침이 고이면서 허기를 느끼지만, 썩은 고기에서 풍겨 나오는 화학물질의 냄새에는 메스꺼움을 느끼게 됩니다. 후각은 해로운 물질을 감지해 위험으로부터 몸을 피하게 하는 역할도 한답니다.

1. 털로 냄새를 맡는다고?

마약 탐지견은 사람보다 40배 정도 많은 후각 세포를 가지고 있어서 은밀한 곳에 숨겨 반입하는 마약류를 찾아내는 데 탁월한 능력을 발휘할 수 있습니다. 고춧가루나 마늘처럼 냄새가 강한 물질 사이에 감춘 마약도 찾아낼 수 있습니다.

냄새는 짝짓기와도 연관되어 있습니다. 예를 들어, 나방과 같은 절지동물은 페로몬이라는 화학물질을 분비해 짝을 찾습니다. 그런데 많은 절지동물이 이를 코가 아닌 털로 감지해요. 다시 말해 털로 냄새를 맡는 것이죠. 몇몇 꽃은 암컷의 페로몬과 비슷한 물질을 분비해 그 냄새로 수컷 곤충을 유인해 꽃가루받이에 성공합니다. 개미는 페로몬을 인지해 가족을 구분하고 동료에게 길을 안내합니다.

파리는 화학물질을 감지하는 털이 발에 있습니다. 그래서 발로 포도당이나 아미노산 등을 감지해 음식물을 찾을 수 있죠. 파리가 다리를 열심히 비비는 이유는 후각과 미각을 느끼는 앞다리를 깨끗하고 민감한 상태로 유지하기 위해서입니다. 우리가 깨끗한 상태를 유지하기 위해 막힌 코를 푸는 것이나 귀지를 파는 것과 비슷하다고 생각할 수 있습니다.

2. 뱀이 혀를 날름거리는 이유

사람의 혀는 맛을 보는 기관이지만 뱀의 혀는 다른 역할을 합니다. 뱀이 혀를 날름거리는 이유는 냄새를 감지하기 위해서입니다. 공기 중의 냄새 분자가 혀에 묻으면 이 정보는 후각 보조 기관인 야콥슨기관에 전달되어 뱀이 냄새를 인지하게 됩니다. 귀가 없고 시력도 매우 나쁜 뱀은 생존을 위해 후각을 발달시킨 것입니다. 혀를 통해 야콥슨기관에 전달된 냄새가 먹이의 냄새라면 먹잇감을 쫓으러 가고, 천적의 냄새면 도망가겠죠. 뱀의 혀가 두 갈래로 갈라진 것도 오른쪽과 왼쪽의 냄새 차이를 더 섬세하게 구별하기 위해서예요.

❹ 동물은 진화하면서 시각이나 청각보다 후각을 먼저 발달시켰습니다. 땅속이나 물에 사는 동물에게는 먹이를 찾고 천적의 존재를 알아차리는 데에 빛이나 소리보다 냄새가 더 중요한 정보가 됩니다. 깊은 물속이나 빛이 없는 동굴 속에 사는 물고기와 곤충은 눈은 퇴화했지만, 후각을 이용해 먹이를 찾고 적

을 피할 수 있습니다. 완전히 시각을 잃은 잉어는 냄새만으로 먹이를 찾습니다. 그래서 낚시를 할 때 쓰는 미끼는 모양보다 냄새가 더 중요하다고 해요. 맹수는 후각으로 숨어 있는 동물을 찾아낼 뿐만 아니라 그것이 어떤 동물인지까지도 알아챌 수 있어요. 이처럼 후각의 발달은 생존을 위한 전략입니다.

인간에게는 없는 특수한 감각기관

세상은 다양한 자극으로 가득 차 있지만 사람은 이 모든 자극을 인지할 수 없습니다. 몇몇 동물에게는 사람이 느끼는 못하는 자극을 인지하는 특수한 능력이 있습니다.

❺ 방울뱀은 눈과 코 사이에 적외선 수용기를 가지고 있어서 쥐의 체온으로 만들어지는 적외선을 감지할 수 있습니다. 돌고래는 지구의 자기장을 감지해 이동 방향을 결정하죠. 상어의 콧등 아래쪽 피부에는 로렌치니라는 전기 감각기관이 있습니다. 상어는 이 기관을 통해 상대의 몸에서 나오는 매우 약한 전기장을 감지해 모래 속에 숨은 먹잇감을 찾아냅니다. 다른 상어가 방출하는 전기장으로 그 상어의 크기, 성별, 성숙 정도를 파악해 짝짓기 상대를 찾아낼 수도 있어요.

만약 사람이 방울뱀처럼 적외선을 보거나 꿀벌처럼 자외선을 본다면 이 세상이 지금과는 다른 모습으로 보이겠죠? 초음파를 들을 수 있다면 돌고래의 대화도 엿들을 수 있을지 모릅니다.

30초 복습 퀴즈

배운 내용을 찬찬히 떠올리며 아래 빈칸을 채워 보세요.

사람의 망막에서 시각 세포가 밀집되어 뚜렷한 시각을 갖게 히는 부위를 ❶(   )이라 하고, 시각 세포가 없는 부위를 ❷(   )이라 한다. 시력이 좋은 매는 ❶(   )이 2개고, 오징어는 ❷(   )이 없다. 꿀벌은 사람이 못 보는 ❸(   )을 볼 수 있다. 거미는 눈이 8개다. 동물마다 들을 수 있는 주파수의 범위가 다른데, 박쥐는 ❹(   )를 만들고 들을 수 있다. 고래, 코끼리는 사람이 들을 수 없는 저주파를 인지할 수 있고, 곤충, 개, 고양이는 고주파를 들을 수 있다. 사람이 코로 냄새를 맡는 데 비해 절지동물은 냄새를 감지하는 털이 발달되어 있다. 파리는 발로, 뱀은 ❺(   )로 냄새를 맡을 수 있다.

정답 ❶황반 ❷맹점 ❸자외선 ❹초음파 ❺혀

식물은
생태계에
어떻게
기여하나요?

30초 예습 퀴즈

식물에 대해 얼마나 알고 있는지 OX 문제를 풀어 보세요.

❶ 식물은 빛과 에너지만 있으면 산소와 양분을 만들 수 있다.　　　(O , X)

❷ 다른 나무에 비해 대나무는 산소를 많이 뿜어낸다.　　　(O , X)

❸ 광합성을 하지 않는 식물도 있다.　　　(O , X)

❹ 식물도 동물처럼 밤낮없이 호흡한다.　　　(O , X)

❺ 생물 다양성은 생물의 다양한 정도를 뜻하며

　생물 사이에 존재하는 차이점이다.　　　(O , X)

쉘 실버스타인이 쓴 동화 〈아낌없이 주는 나무〉를 읽어 봤나요? 소년을 사랑한 어느 나무의 이야기입니다. 나무는 소년이 어릴 적에는 왕관을 만들 수 있는 나뭇잎과 그네를 걸 수 있는 나뭇가지를 내어 주고, 땀을 식히고 쉬었다 갈 수 있는 시원한 그늘까지 선물합니다. 청년이 된 소년은 돈이 필요하다며 나무의 모든 열매를 따 가고, 집을 짓겠다며 가지를 베어 내고, 심지어 배를 만든다며 큰 줄기까지 모두 가져갑니다. 결국 나무는 다 베어지고 밑동만 덩그러니 남게 되죠. 나무는 노인이 되어 버린 소년이 앉아서 쉴 수 있게 밑동마저도 의자로 내어 줍니다. 한 인간에게 정말 아낌없이 다 내어 주는 나무 이야기가 가슴 뭉클합니다. 식물은 이것 말고도 인간에게 주는 것이 많은데요. 과연 무엇이 또 있을까요?

영양분과 산소는 주고 온실가스는 없애 주고

우리는 아무리 바쁘고 귀찮을 때도 정확히 울리는 배꼽시계 때문에 끼니를 챙겨 먹어야 하고, 몸이 아파 입맛이 없을 때도 약을 먹기 위해서는 꼭 밥을 먹어야 해요. 의식이 없어서 먹는 것이 도저히 불가능한 중환자를 살리려면 식도나 위에 구멍을 뚫어 죽처럼 생긴 음식을 넣어 주어야 합니다. 이렇듯 인간을 포함한 모든 동물은 죽는 날까지 끊임없이 먹어야 살 수 있어요. 그에 반해 ❶ 식물은 평생 먹지 않아도 빛에너지와 이산화 탄소, 물만 있으면 양분을 만들고 산소까지 뿜어내니 정말 놀라운 존재가 아닐 수 없습니다. 이 과정을 **광합성**이라고 해요.

식물이 광합성을 할 때 처음으로 만드는 양분은 포도당입니다. 식물은 포도당을 바로 녹말로 바꾸어 저장하는데 여기에는 두 가지 이유가 있어요. 포도당은 물에 잘 녹아서 한곳에 저장하기 어려운데, 포도당이 여러 개 연결된 구조인 녹말은 물에 잘 녹지 않아 저장하기 편리하기 때문이죠. 장작을 끈으로 묶으면 흩어지지 않고 더 높이 안정적으로 쌓을 수 있는 원리와 비슷해요.

포도당을 녹말로 바꾸어 저장하는 또 다른 이유는 식물 세포 안으로 물이 들어오는 비상사태를 막기 위해서입니다. 앞서 배운 삼투현상을 기억하나요? 삼투현상이란 세포막을 경계로 농도가 낮은 용액에서 농도가 높은 용액 쪽으로 물이 이동하는 현상이에요. 광합성을 활발히 할수록 식물 세포 안의 포도당은 농도가 높아지게 됩니다. 그러면 삼투현상에 따라 식물 세포 밖에 있던 물이 세포 안으로 들어오게 되죠. 식물은 포도당을 물에 녹지 않는 녹말로 바꾸어 물이 과도하게 들어오는 것을 막고 세포 안의 포도당 농도를 일정하게 유지할 수 있답니다.

식물의 잎은 매우 납작하고 작죠? 그래서 식물은 잎 속에만 녹말을 계속 쌓아 두는 게 아니라 열매, 꽃, 줄기, 뿌리 등으로 옮겨 저장해요. 이때 녹말을 설탕으로 바꾸어 잎맥과 줄기 안에 있는 좁고 가느다란 통로(체관)를 이용해 내보냅니다. 사과, 복숭아, 배 등 우리가 즐겨 먹는 과일은 주로 열매에 양분을 저장한 것입니다. 연근(이름 때문에 뿌리로 착각하기 쉽지만 연근은 연의 줄기예요), 미역 줄기, 고구마 순, 감자(땅속에 있어 뿌리라고 생각하기 쉽지만 줄기예요)는 줄기에, 무, 당근, 고구마는 뿌리에 양분을 저장한 것이죠. 인간을 비롯한 동물은 식물이 힘겹게 광합성으로 만든 양분을 평생 얻어먹으며 살고 있어요.

식물은 광합성을 하며 얼마나 많은 산소를 뿜어낼까요? 잘 가꿔진 숲 1헥타르에서 1년 동안 나오는 산소는 한 사람이 21년 동안 마실 수 있는 양이라고 합니다. 1헥타르는 축구장의 1.4배 정도밖에 되지 않는 넓이랍니다. 또 광합성을 할 때 식물이 흡수하는 이산화 탄소는 1헥타르당 연간 6.8톤으로, 승용차 3대가 1년 동안 내뿜는 이산화 탄소 양과 맞먹어요. ❷ 숲의 이산화 탄소 흡수량은 그 숲을 이루는 나무의 종류에 따라 다릅니다. 대나무숲은 이산화 탄소 흡수량이 월등히 높아 1헥타르당 33.5톤이나 됩니다. 보통 숲보다 무려 5배나 높아요. 소나무나 벚나무보다 3.5배나 높다고 하니 대나무숲 주변에서 살고 싶은 생각이 드네요.

대나무는 피톤치드도 매우 많이 만들어 냅니다. 피톤치드란 식물이 자신의 생존을 위협하는 박테리아, 곰팡이, 해충을 퇴치하기 위해 만들어 내는 살균 물질을 뜻합니다. 대나무의 피톤치드는 항염, 항균, 스트레스 조절 등의 효과가 있다고 해요. 국립산림과학원의 연구에 따르면 대나무는 온실가스를 흡수할 뿐 아니라 다른 나무들보다 **바이오매스**를 3~4배나 더 많이 생산한다고 해요. 바이오매스란 생물체를 분해하거나 발효해 얻는 생물에너지입니다. 대표적인 바이오매스인 펠릿은 버려지는 나무껍질, 톱밥, 나무 조각 등을 압축해 만든 목재예요. 거기에 더해 대나무는 속씨식물 중에서 성장 속도가 가장 빨라 하루에 1미터씩 클 수도 있다고 합니다. 1년에 20센티미터만 커도 폭풍 성장했다고 이야기하는 사람의 성장과는 비교가 되지 않죠? 대나무는 번식력도 좋아서 화석연료의 대안으로 주목받고 있는 바이오 에너지원이기도 합니다.

마지막으로 식물은 지구 온도를 떨어뜨려 줍니다. 푹푹 찌는 찜통더위에도 숲속은 오히려 서늘한데요. 왜 이런 현상이 일어날까요? 바로 식물의 **증산작용** 덕분입니다. 식물이 광합성을 할 때 필요한 기체가 있죠? 네, 바로 이산화 탄소입니다. 또한 식물은 광합성을 통해 산소를 만들죠. 이 두 기체는 잎 뒷면에 있는 수많은 기공을 통해 드나듭니다. 이때 식물이 가지고 있던 수분도 함께 빠져나가는데 이를 증산작용이라고 해요. 수분이 증발하며 주변의 열을 빼앗아 가 주변 온도가 낮아지는 효과를 주게 되죠. 증산작용을 하는 식물은 뿌리로부터 맨 꼭대기까지 중력을 거슬러 물을 끌어 올릴 수 있습니다. 100미터가 넘을 만큼 키가 큰 식물이라도 뿌리에서 꼭대기의 잎까지 물을 끌어 올릴 수 있어요.

더운 여름날 우리는 땀을 흘려 체온을 조절하지만, 식물은 기공으로 수분을 증발시켜 온도를 조절한답니다. 그 덕분에 나무가 많은 숲에서 기온을 재 보면 도심보다 3~7도 이상 낮습니다. 찜통더위로 유명한 대구는 높은 산으로 둘러싸인 분지 지역입니다. 지형 특성상 한여름 기온이 대한민국에서 가장 높은 지역으로 알려져 있죠. 그런데 대구는 도심 속 숲과 가로수를 꾸준히 조성해 미세먼지를 줄이고 도시 온도를 낮추는 효과를 톡톡히 보았습니다. 그리고 '폭염 도시'라는 오명에서도 벗어나게 되었어요. 〈아낌없이 주는 나무〉 속 이야기도 감동적인데, 현실에서도 식물은 정말 많은 것을 인간에게 주고 있죠.

최근에는 이런 식물을 빌딩 안에서도 키운다는 뉴스가 종종 나옵니다. 광합성에 영향을 주는 빛의 세기, 이산화 탄소 농도(0.1퍼센트), 온도(30~35도) 등의 환경을 잘 만들어 주면 밭이 아닌 건물 안에서도 채소를 키울 수 있답니다. 남극에서도 오이, 수박, 고추 수확에 성공해 연구원들이 신선한 과일과 채소를 먹을 수 있게 되었죠.

식물 공장에서는 발광 다이오드(LED) 조명과 식물이 자라는 데 필요한 양분이 들어 있는 배양액을 이용해 채소를 기르고 있어요. 좁은 농지에서도 사계절 내내 농작물을 많이 수확할 수 있죠. 반면에 설치와 운영에 비용이 많이 들고, 햇빛을 이용할 때보다 에너지가 많이 드는 단점도 있답니다.

사람도 식물처럼 광합성을 할 수 있다면

식물 세포에는 엽록체가 여러 개 있어요. 엽록체는 빛에너지를 받아 포도당을 만드는 광합성을 하죠. 이 엽록체를 우리 몸속 세포에 삽입할 수 있다면 어떨까요? 음식을 먹지 않고 영원히 살 수 있지 않을까요? 안타깝게도 지금의 의학 기술로는 불가능합니다. 체내에 이식한 엽록체의 기능을 계속 유지하려면 관련 유전자가 3,000개나 필요한데, 인간을 비롯한 동물에겐 이 유전자가 없기 때문이에요. 인간이 엽록체로 광합성을 하려면 스스로 식물 유전자를 만들어 낼 수 있어야 하며, 태양 빛을 몸속까지 받아들일 수 있도록 피부가 투명해져야 해요.

그런데 광합성을 하는 동물이 존재합니다. 그 주인공은 바로 바다에 사는 갯민숭달팽이의 한 종류인 '엘리지아 클로로티카'입니다. 2015년 어느 학술지에서 소개한 이 생물은 플랑크톤으로부터 엽록체뿐 아니라 엽록체 유지에 필요한 유전자까지 가져온다고 해요. 나뭇잎과 비슷하게 생긴 엘리지아 클로로티카는 본래 투명한 피부로 태어나지만 자라면서 초록색이 되는데, 이는 플랑크톤을 몸속에 수개월 동안 살려 둔 채 광합성을 하기 때문입니다.

엘리지아 클로로티카

    아메바의 한 종류인 폴리넬라 역시 다음 세대에 엽록체를 물려준다는 사실이 밝혀졌습니다. 2021년 2월 성균관대 연구팀에 따르면 폴리넬라는 스스로 광합성을 하는 능력을 갖추었다고 합니다. 약 1억 년 전 동물성 폴리넬라가 남세균을 잡아먹었고, 이 남세균이 세포 안에서 공생하면서 엽록체로 진화했다는 것이죠.

    광합성을 하는 모든 식물의 엽록체는 약 10억 년 전 원생생물이 광합성을 하는 남세균을 포식하면서 만들어졌습니다. 따라서 폴리넬라는 식물의 진화 초기에 어떤 일이 있었는지 보여 주는 중요한 증거예요. 이 연구가 좀 더 자세히 이루어지면 조만간 사람도 음식을 섭취하지 않고 일광욕만으로 끼니를 해결할 수 있는 날이 오지 않을까요?

광합성을 하지 않는 식물이 있다고?

광합성을 하지 않는 식물도 있습니다. 이게 정말 가능할까요? 네, **기생**하는 방법이 있거든요. 기생이란 다른 생물의 내부 또는 외부에 붙어 영양분을 뺏으며 살아가는 것을 말합니다. 기생하는 생물에게는 영양분을 얻을 숙주가 꼭 필요해요. 우리에게 질병을 옮기는 기생충은 사람의 몸을 숙주로 삼지 않으면 살아갈 수 없습니다. 기생 식물도 마찬가지로 숙주 식물에 붙어 영양분을 빼앗아 흡수하며 살아갑니다. 스스로 영양분을 만드는 광합성을 할 필요가 없어서 잎이 적거나 아예 없어요. 심지어 물을 흡수하는 뿌리조차 없는 기생 식물도 있답니다.

대표적인 기생식물로 겨우살이와 새삼이 있어요. 겨우살이부터 살펴볼까요? 겨울철 잎이 다 떨어진 커다란 나무에 새 둥지처럼 달려 있는 식물이 겨우살이입니다. 공중에 매달린 것과 다름없이 나뭇가지에 붙어 있죠. 그래서 물과 영양분을 흙

이 아닌 나무에서 얻을 수밖에 없어요. 겨우살이에는 작은 잎이 많이 붙어 있고 이 잎을 통해 광합성을 하긴 합니다. 그래서 '반기생식물'이라고 불러요. 숙주 나무의 잎이 풍성한 계절에는 잎에 가려 보이지 않다가, 잎을 다 떨군 겨울이 되면 겨우살이의 모습이 드러나요. 여러 겨우살이가 붙어 있으면 숙주 나무는 영양분을 다 뺏겨 죽기도 합니다.

겨우살이는 혈압, 당뇨, 관절염, 암 등을 예방하거나 치료하는 데 좋다고 알려져 있습니다. 그런 이유로 무분별하게 채취되어 이제는 멸종위기에 있다고 하네요. 숙주 나무 입장에서는 천만다행인 일이지만 멸종위기종이 늘어나는 것이니 안타까운 일이기도 합니다. 인간의 욕심 때문에 식물이 멸종하는 현실이 참으로 씁쓸하고 부끄럽기만 하네요.

❸ 겨우살이가 반기생식물이라면 새삼은 전기생식물입니다. 뿌리도 잎도 없는 새삼은 주로 농작물에 기생하며 광합성을 전혀 하지 않습니다. 완전히 동물과 같은 삶을 살아가죠. 새삼은 꼭 실같이 생겼어요. 숙주 식물에 실이 엉겨 붙은 모습으로 살아갑니다. 땅속 씨앗에서 싹이 터서 자랄 때까지는 다른 식물처럼 뿌리와 잎이 있지만, 숙주 식물에 줄기를 뻗치기 시작하면 뿌리와 잎이 퇴화해 사라집니다. 다만 싹이 튼 후 10일 이내에 숙주 식물을 찾지 못하면 죽는다고 하네요. 새삼은 숙주 식물

의 줄기에 오징어 빨판처럼 생긴 흡수근을 부착시켜 물과 양분을 빨아들이죠. 거머리가 인간에게 주둥이를 꽂아 피를 빨아먹고 사는 것처럼요.

동물을 사냥하는 식물의 경이로운 능력

동물처럼 육식을 하는 식물도 있습니다. 그 식물은 바로 벌레잡이통풀입니다. 열대 아시아와 아프리카 숲에서 주로 살며, 벌레를 잡는 자루 모양의 주머니를 가지고 있어요. 주머니 입구의 가장자리에는 꿀샘이 있어 벌레를 유혹합니다. 꿀을 먹기 위해 온 벌레가 미끄러져 주머니 속으로 빠지면 다시는 나오지 못하고 죽게 되는 것이죠. 벌레잡이통풀은 벌레가 주머니 속으로 들어오면 입구를 좁혀 도망가지 못하게 만듭니다. 주머니 속의 소화 효소가 벌레를 분해하면 주머니 안쪽 세포들이 벌레에서 나온 양분을 흡수합니다. 벌레잡이통풀은 길이가 무려 60센티미터에 이르고, 주머니의 지름이 18센티미터나 되는 것도 있어요. 곤충뿐만 아니라 거미, 달팽이, 지네, 개구리, 쥐, 심지어 큰 새까지도 먹습니다.

벌레잡이통풀의 주머니는 잎이 변한 것으로, 잎 끝은 자랄

수록 천천히 부풀어 속이 텅 빈 주머니가 되면서 뚜껑까지 생깁니다. 주머니의 뚜껑이 반쯤 열리는 시기가 되면 먹이 사냥이 시작됩니다. 뚜껑은 비를 막아 주머니 속에 있는 소화 효소가 묽어지지 않게 해 주죠. 산성 물질과 소화 효소는 먹이를 분해하고 흡수하게 해 줍니다. 주머니에 들어온 동물은 몸 안으로 스며든 높은 농도의 산성 물질 때문에 절대 빠져나오지 못한 채 먹잇감이 되고 말죠.

그렇다면 이 식물은 왜 동물을 먹는 걸까요? 동물을 잡아먹는 식물은 주로 곤충을 먹는 경우가 많아 식충식물이라고도 불러요. 식충식물이 광합성을 안 하는 것은 아닙니다. 광합성으로 포도당을 만들고, 이 포도당을 아미노산으로 바꾼 다음 다양한 단백질을 만들어 내죠. 그러나 식충식물이 살아가는 장소는 땅의 양분이 부족한 곳이 많습니다. 식물에게 필요한 영양소로는 질소나 인산, 칼륨 등이 있는데, 식충식물은 이러한 영양소가 부족한 습지에 주로 살아요. 이렇게 어려운 환경에서 오랜 세월 적응한 결과 작은 동물을 잡아먹는 기관들이 발달했습니다. 이 기관을 통해 부족한 양분을 채우고, 이를 이용해 몸을 키우고, 꽃을 피우고, 열매를 잘 맺을 수 있게 되었죠. 식충식물은 척박한 환경에서 광합성으로 얻은 양분만으로는 살아가기 어려웠기에 인간처럼 먹이를 먹어야만 살 수 있게 되었어요. 그래서 단백질을 보충하기 위해서 작은 동물까지 먹는 것이랍니다.

인간에게도 이로운 식물의 호흡

식물 세포가 광합성으로 얻은 양분은 산소와 반응해 이산화 탄소와 물로 분해되면서 에너지를 방출합니다. 즉 식물은 세포 호흡을 통해 양분을 분해하고 생장에 필요한 에너지를 얻습니다. 이 에너지로 식물은 키가 자라고 꽃을 피워 내며 열매를 맺을 수 있어요.

식물이 광합성을 할 때는 이산화 탄소를 사용하고 산소를 만들어 내지만, 세포 호흡을 할 때는 정반대입니다. 산소를 사용하고 이산화 탄소를 만들어 내죠. 또한 광합성은 빛에너지를 이용해야 해서 낮에 일어나지만 ❹ 세포 호흡은 낮과 밤 상관없이 항상 일어나요. 간단히 말해 식물에게 광합성은 양분을 만들어 에너지를 저장하는 과정이고, 세포 호흡은 양분을 분해해 에너지를 얻는 과정입니다. 인간을 비롯한 동물처럼 식물도 항상 세포 호흡을 해야만 살 수 있습니다.

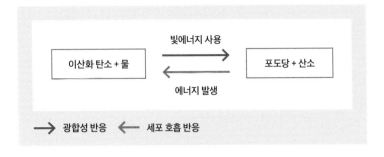

식물의 광합성과 세포 호흡

그런데 봄이 오면 겨우내 잎이 다 떨어져 있던 앙상한 나뭇가지에서 어떻게 꽃이 피거나 새순이 돋아나는 걸까요? 잎이 없으면 광합성을 못하니 양분을 공급받을 수도 없는데 말이죠. 식물은 겨울이 오기 전 뿌리와 줄기 등에 미리 저장해 둔 양분으로 겨울에 세포 호흡을 합니다. 그래서 잎이 없는 나뭇가지에 새순이 돋고, 씨앗에서 싹이 나고, 호흡열이 생길 수 있는 것이죠. 호흡열은 생물이 호흡할 때 체내에서 나는 열입니다. 깊은 산속에 사는 앉은부채라는 식물은 호흡열로 눈을 녹일 수도 있습니다. 3월 초 눈이 채 녹지 못한 땅속에서 뜨거운 열을 만들어 내어 15센티미터에 이를 만큼 두껍게 쌓인 눈을 녹이고 힘차게 꽃대를 피워 올립니다. 지난해 뿌리에 가득 저장해 둔 양분으로 만든 에너지 덕분이에요. 딸기, 복숭아, 고구마, 감자 등도 사서 바로 먹지 않고 오래 두면 물러지고 싹도 나는데, 이런 현상은 모두 세포 호흡으로 생기는 결과이며 식물이 살아 있다는 증거입니다.

식물은 광합성으로 만든 양분을 사용하면서 남는 양분을 버리지 않고 여러 가지 형태로 곳곳에 잘 저장해 둡니다. 체관을 따라 이동한 설탕을 녹말, 단백질, 지방 등 다양한 형태로 바꾸어 보관하죠. 밭에서 나는 고기라 부르는 콩은 설탕이 단백질로 바뀌어 만들어져요. 감자나 쌀은 녹말로, 사탕수수는 설탕으로, 포도는 포도당으로, 깨나 땅콩은 지방으로 양분을 저장한 것입니다. 이처럼 식물은 인간을 포함한 동물에게 다양한 영양분을 제공해 줍니다.

움직이지 못하고 가만히 제자리에 있는 식물이라고 인간은 너무 쉽게 짓밟고, 꺾어 버리고, 베어 내고, 태워 버리는 잔혹한 짓을 많이 해왔죠. 식물은 온실가스를 흡수하고, 동물에게 꼭 필요한 산소와 먹이를 만들어 주며, 피톤치드처럼 이로운 물질과 연료까지 제공해 줍니다. 식물의 위대한 능력을 감사한 마음으로 아끼며 최선을 다해 식물을 보존해야 하지만, 아직도 숲을 무분별하게 훼손하는 사례가 많습니다. '사람이 없어도 식물은 잘 살지만, 식물이 없으면 사람은 죽는다'라는 말이 있습니다. 인간의 탐욕으로 지구에 존재하는 많은 식물과 물, 공기, 땅이 더는 회복할 수 없는 지경까지 와 있습니다. 지금이라도 지구의 모든 것을 아끼고 보존해야 우리 인간도 살아갈 수 있다는 것을 명심하고 지켜야 합니다.

지구의 허파와 같은 숲, 아마존

지구 산소의 20퍼센트를 생산한다고 해서 '지구의 허파'라고 부르는 남아메리카의 열대우림 아마존에 대해 들어 본 적이 있나요? **생물 다양성**의 보물 창고가 아마존이라는 말에 반박할 사람은 아마 없을 것입니다.

생물 다양성이란 무엇일까요? ❺ 생물 다양성은 동식물에서부터 아주 작은 세균이나 곰팡이까지 살아 있는 모든 생물 사이에 존재하는 차이점을 뜻합니다. 간단히 말해 생물의 다양한 정도라고 할 수 있죠. 물고기와 고양이, 사람과 버섯은 전혀 다르죠? 그런데 사과나무와 복숭아나무, 딱정벌레와 나비처럼 서로 비슷한 생물 사이에도 엄연히 차이가 존재합니다.

아마존은 지구상에서 생물 다양성이 매우 높은 생태계 중 하나입니다. 이곳에는 300만 종 이상의 생물이 살고 있습니다. 지구 열대 지역에 사는 나무 중 3분의 1이 아마존에 있습니다.

2,500종이 넘는 나무가 지구 산소의 20퍼센트 이상을 뿜어내며 생태계 유지에 큰 역할을 하고 있죠.

아마존은 브라질, 페루, 콜롬비아, 베네수엘라, 에콰도르, 볼리비아, 가이아나, 수리남, 프랑스령 기아나 등 9개 국가에 걸쳐 있습니다. 그중 브라질에 있는 숲이 가장 넓습니다(전체의 60퍼센트). 그런데 남미 국가들이 엄격한 환경 규제를 하지 않아서 무분별하게 아마존의 나무를 베고 땅을 개발하는 사람이 늘어났습니다. 이 때문에 2001~2008년 사이 아마존에서는 큰 불이 자주 났습니다. 많은 동물과 식물이 불타 죽었고 산소 대신 어마어마한 이산화 탄소를 내뿜는 아마존이 되고 말았죠. 2009~2018년에는 뒤늦게나마 남미 국가들이 환경 규제에 나서면서 산림 벌채를 막을 수 있었습니다. 하지만 안타깝게도 2017년에 가장 넓은 아마존 숲이 있는 브라질에서 법 규제를 완화하는 바람에 산림 벌채가 다시 늘어났습니다. 엎친 데 덮친 격으로, 2019년 자이르 보우소나루 대통령이 취임하면서 상황은 더욱 심각해졌습니다. 브라질 정부가 개발에만 관심을 두고 원주민과 토지, 산림 보호에는 전혀 관심을 보이지 않아서 산림 파괴가 더욱더 빨라졌죠. 브라질 정부는 아마존에서 일어나는 산불, 방화, 불법 개간과 채굴을 방치했다는 국제적 비판을 받고 있습니다. 불법 개간이란 일부러 불을 질러 숲을 태우고 가축을 키우는 공간을 만드는 행위입니다. 국제 환경단체인 그린 피스는 아마존에서 빈번해지고 있는 화재의 가장 큰 이유가 불법 개간이라고 분석했습니다.

이렇듯 자연을 파괴하는 인간의 활동 때문에 무서운 속도로 멸종위기종이 늘어나고 있어요. 연구에 따르면 지구 생물은 자연적으로 발생하는 것보다 수천 배나 빠른 속도로 사라지고 있다고 합니다. 인간이 이런 활동을 멈추지 않으면 지구는 어떻게 될까요?

30초 복습 퀴즈

배운 내용을 찬찬히 떠올리며 아래 빈칸을 채워 보세요.

식물은 빛에너지와 물, ❶(   )를 이용해 광합성을 하며, 광합성으로 최초의 양분인 ❷(   )과 산소를 만들어 낸다. ❷(   )은 설탕으로 바뀌어 체관을 따라 이동해 여러 가지 형태의 양분으로 뿌리, 줄기, 열매 등에 저장된다. 식물의 세포 호흡을 통해 저장된 양분은 산소와 반응해 생명 활동에 필요한 ❸(   )가 된다. 광합성을 하지 않고 겨우살이와 새삼처럼 ❹(   )하며 사는 식물도 있다. 남아메리카의 아마존을 비롯한 지구의 숲은 ❺(   )을 보존하기 위해 꼭 필요하다.

정답 ❶ 이산화 탄소 ❷ 포도당 ❸ 에너지 ❹ 기생 ❺ 생물 다양성

외래종은 왜 생물 다양성에 치명적인가요?

30초 예습 퀴즈

외래종에 대해 얼마나 알고 있는지 OX 문제를 풀어 보세요.

❶ 해외에서 국내로 들여온 거북은 한반도의 생태계를
   교란할 수 있다.   (O , X)

❷ 뉴트리아는 천적이 없다.   (O , X)

❸ 단일종 재배는 생물 다양성에 도움이 된다.   (O , X)

❹ 인간이 생물을 마구 잡는 것을 남획이라고 한다.   (O , X)

❺ 반달가슴곰은 한반도에서 멸종위기에 처해 있다.   (O , X)

O❺ O❹ X❸ X❷ O❶ 답정

혹시 '괴물쥐'라고 부르는 뉴트리아를 알고 있나요? 뉴트리아는 원래 남아메리카의 칠레와 아르헨티나에서 사는 동물이에요. 크기는 약 43~63센티미터이고, 몸무게는 8~10킬로그램에 달할 정도로 거대해요. 주황색 앞니는 매우 단단해서 먹이를 물어 바로 죽일 수도 있고, 사람의 손가락 정도는 쉽게 자를 수 있다고 하니 정말 어마어마한 쥐가 아닐 수 없네요. 새끼는 1년에 세 번까지 낳는데 한 번에 2~6마리를 낳으니 번식력마저도 괴물급입니다. 뉴트리아는 뛰어난 번식력과 생존력으로 한반도 생태계에 빠르게 퍼져 나갔습니다.

남아메리카에서 사는 뉴트리아가 어떻게 한반도까지 왔을까요? 1985년 프랑스를 통해 뉴트리아 100마리를 들여온 것이 그 시작이었습니다. 뉴트리아를 수입한 것은 식용과 모피용으로 기르기 위해서였어요. 하지만 사육 기술이 부족해 두 번의 겨울을 지나면서 모두 죽었죠. 그러다가 1987년 불가리아로부터 다시 60마리를 수입했습니다. 충남 서산에서 드디어 사육에 성공해 뉴트리아의 수는 1990년에 약 2,400마리로 늘어났습니다. 2001년에는 농가 470여 곳에서 무려 15만 마리를 사육하기에 이르렀습니다.

그러나 뉴트리아 수가 너무 빨리 늘어나자 농가에서 뉴트리아를 관리하기 힘들어졌습니다. 게다가 고기와 모피가 생각보다 잘 팔리지 않자 많은 수가 결국 야생에 버려지게 되었죠. 뉴트리아는 비교적 덜 추운 한반도의 남쪽 하천이나 연못으로 퍼져 나갔습니다. 뉴트리아에 맞설 수 있는 마땅한 동물도 없어서 개체 수는 더욱더 많아졌답니다. 점차 뉴트리아는 농작물을 망치고 한반도 생태계를 엉망으로 만들어 버렸죠. 결국 2009년에 **생태계 교란종**으로 지정되었습니다. 생태계 교란종이란 생태계를 크게 위협하며 악영향을 끼친다고 판단해 정부가 특별히 지정한 생물을 말합니다.

외래종이 한반도 생태계에 미치는 영향

뉴트리아처럼 다른 나라에서 온 생물종을 **외래종**이라고 불러요. 한반도에 서식하는 외래종의 수는 점점 늘어나고 있습니다. 그중 일부는 토종 생물을 잡아먹고 서식지에서 몰아내거나 질병을 옮기기도 해요. 이에 따라 토종 생물이 멸종해 생물 다양성이 급속히 줄어들고 있습니다. 부산과 경남의 지방자치단체에서는 생태계 교란종인 뉴트리아를 퇴치하기 위해 포상금을 걸었습니다. 1마리를 잡을 때마다 2만 원의 수당을 지급한다고 해요. 2009년부터 6년 동안 5,000마리를 잡아 무려 1억 원을 번 사람도 있다고 하네요.

❶ 최근에는 외래종 거북도 한반도 생태계를 망가뜨리는 골칫거리가 되었습니다. 거북은 크기가 비교적 작고, 조용하고, 냄새도 덜 나서 집에서 기르기 쉽습니다. 그런데 거북을 샀다가 키우기 귀찮다고 야생에 풀어 주는 사례가 부쩍 늘면서 외래종 거북이 한반도 생태계에 점점 많아지고 있습니다. 예전에는 종교 행사에서도 거북을 방생하는 의식이 있었다고 해요. 특히 외래종인 붉은귀거북을 많이 사다가 풀어 주었죠. 이렇게 여러 가지 이유로 늘어난 외래종 거북은 뉴트리아와 같은 문제를 일으키기 시작했습니다.

생태계에 새로운 종이 들어오면 기존 생태계의 균형은 깨지게 됩니다. 새로운 종이 기존에 살던 생물을 잡아먹어 먹이사슬이 무너지거나 새로운 질병을 퍼뜨리는 일이 생기기 때문이죠. 서식지 안에서 생존 경쟁이 심해지기도 합니다. 예를 들어 외래종인 중국줄무늬목거북은 우리나라 토종 거북인 남생이와 생태적 지위가 겹칩니다. 생태적 지위가 겹친다는 것은 먹이나 서식지를 두고 남생이와 외래종 거북이 경쟁해야 한다는 뜻입니다. 이런 경쟁이 지속되면 결국에는 남생이가 사라질 수도 있습니다.

특정 거북을 생태계 교란종으로 지정해 수입을 금지한다고 문제가 해결되지는 않아요. 거북을 수입하는 사람들은 금세 비슷한 종을 수입해서 들여옵니다. 그 결과 한반도에는 갈수록 외래종 거북이 점점 다양해지고 그 수도 늘어나고 있습니다. 붉은귀거북이 가장 많고, 노란배거북, 플로리다붉은배거북, 중국줄무늬목거북도 많습니다. 최근에는 늑대거북과 악어거북에 이르기까지 약 16종이 야생에서 발견되고 있습니다. 앞으로 종류와 수가 더 늘어날 거라고 하니 큰 문제가 아닐 수 없습니다.

교통과 통신이 발달하고 국제 무역으로 교류가 활발해지면서 외래종은 더욱 구하기 쉬워지고 있습니다. 2019년 우리나라의 상위 25개 온라인 반려동물 쇼핑몰에서 어떤 양서·파충류 동물이 많이 팔리고 있는지 조사했더니 무려 677종이 팔리고 있었다고 합니다. 심지어 판매가 금지된 멸종위기종도 포함되어 있었답니다. 생태계를 보호하려면 다양한 법적 제도를 마련해 외래종 판매를 제한해야 합니다. 또한 집에서 키우고자 데려왔다면 그 동물을 끝까지 책임지고 키우려는 마음가짐이 꼭 필요합니다. 특히 거북은 생명력이 강해서 야생에서 쉽게 죽지 않고 오랜 기간 영향을 미치게 됩니다. 책임지고 키우지 못한다면 아예 동물을 사지 말 것을 당부합니다.

외래종에는 동물만 있는 것이 아닙니다. 돼지풀은 가을철 코를 간질이는 알레르기의 주범입니다. 잎이 쑥과 비슷하게 생긴 돼지풀은 늦여름부터 꽃을 피우는데, 이 꽃가루가 알레르기의 원인이죠. 본래 북아메리카에 자생하던 식물인데 약 30년 전부터 빠르게 전국으로 퍼졌습니다. 돼지풀은 주변 식물이 잘 자라지 못하게 하는 물질을 분비하기 때문에 생태계 교란종으로 지정되었습니다. 지금까지 소개한 뉴트리아와 붉은귀거북, 돼지풀 말고도 우리나라 정부가 지정한 생태계 교란종에는 가시박이, 미국쑥부쟁이 등 20종이 있습니다.

아직 생태계 교란종으로 지정되진 않았지만 엄청나게 위협적인 외래종도 있습니다. 2003년 우리나라에서 처음 발견된 등검은말벌이에요. 열대 지역에서 온 말벌로, 꿀벌을 사냥하는 실력이 뛰어나 양봉 농가에 큰 피해를 주고 있습니다. 이 말벌은 나무 위나 전봇대 등 사람과 가까운 곳에 집을 짓는 경우가 많습니다. 2015년에는 등검은말벌의 집을 떼어 내려던 소방관이 벌에 쏘여 사망하는 안타까운 사건이 발생하기도 했습니다.

한편 우리나라 생물이 해외에서 생태계 교란종이 되는 경우도 있습니다. 물푸레나무에 사는 호리비단벌레는 한반도 토종 생물로 2급 멸종위기종이면서 천연기념물로 지정된 곤충입니다. 신라 시대 때는 초록빛의 몸체가 아름답다고 해서 옥충이라고 불렀죠. 옥충 장식은 이 곤충의 아름다운 빛깔을 재현한 공예기법입니다. 이처럼 우리나라에서는 애지중지 사랑을 받는 호리비단벌레가 미국에서는 숲을 파괴하는 천덕꾸러기 신세로 전락하고 말았습니다. 특히 미국의 물푸레나무에 큰 피해를 입히고 있다고 합니다. 2016년 미국 미주리주 세인트루이스에서는 호리비단벌레의 알과 유충을 박멸하기 위해 물푸레나무 1만 4,000그루를 2년에 걸쳐 잘라 내겠다고 발표했습니다.

외래종은 컨테이너선 같은 무역 선박을 타고 들어오는 경우도 많습니다. 등검은말벌은 중국 상하이에서 부산으로 오는 선박에 붙어 국내에 들어온 것으로 추정하고 있어요. 쓰나미와 같은 자연재해 때문에 바다로 떠밀린 쓰레기를 타고 외래종이 들어오기도 합니다. 거대한 지진해일이 일어나고 나면 육지의 쓰레기가 바다로 쓸려 나가 해양 쓰레기가 됩니다. 이런 해양 쓰레기를 타고 어류 2종, 무척추동물 235종이 국내로 이동해 왔다는 연구 결과가 있습니다.

외래종과 토종 생물의 대결

한반도 토종 생물은 대개 외래종보다 크기가 아담하고 귀여운 편입니다. 그런데 놀랍게도 커다란 외래종을 벌벌 떨게 하는 토종 생물도 있다고 해요. 그 주인공은 바로 호피 무늬의 몸통과 큰 덩치를 자랑하는 가물치입니다. 우리나라에서는 예로부터 가물치를 보양식으로 즐겨 먹었습니다. 이름도 조선 시대 때 산모에게 좋은 보양식이라며 '가모치'라고 부른 데서 유래했죠. 이런 가물치는 육식을 하는 어류로 평균 크기가 50~70센티미터나 되며, 1미터가 넘는 것도 있습니다. 가물치는 외래종인 황소개구리에게 위협적인 천적이에요.

1973년 우리나라 상인들은 식용 목적으로 일본에서 황소개구리를 수입했어요. 황소개구리는 황소의 울음소리와 비슷한 소리를 낸다고 해서 붙인 이름이에요. 상인들이 팔리지 않고 남은 황소개구리를 몰래 저수지에 버리면서 한반도 생태계에 유입되었죠. 한반도 야생에 완벽히 적응한 황소개구리는 어마어

미국에서 생태계 교란종이 된 가물치

마하게 개체 수가 늘어나 2000년대 초반까지 골칫거리였어요. 그러다가 2000년대 중반부터는 개체 수가 줄어들었습니다. 가물치, 메기, 왜가리, 백로, 족제비 등의 동물이 황소개구리를 먹이로 삼았기 때문입니다. 황소개구리는 닭고기처럼 맛이 담백해서 먹기에 좋았거든요. 황소개구리의 천적이 된 여러 동물 중에서도 일등 공신은 가물치입니다. 가물치는 외래종 어류인 베스도 먹으니 '외래종 해결사'라 불러도 손색이 없겠네요.

그런데 우리에게는 고마운 존재인 가물치가 미국에서는 오히려 큰 골칫거리입니다. 미국에서는 가물치를 뱀과 닮았다고 해서 '스네이크 헤드', '프랑켄 피시'라고 부릅니다. 집에서 키워지다가 미국 야생에 버려지는 가물치가 많아지자 문제가 생겼어요. 새로운 환경에 잘 적응한 가물치는 강의 폭군이 되어 미국의 토종 물고기를 닥치는 대로 먹어 치웠습니다. 이곳에는 가물치에 대적할 만한 커다란 물고기가 없었죠. 가물치는 물 밖에서도 호흡할 수 있어서 땅을 기어 다른 서식지로 이동할 수 있어요. 번식력도 뛰어납니다. 이처럼 강인한 생명력을 발휘해 가물치는 미국에서 생태계 교란종이 되었습니다. 가물치의 이런 양면성, 정말 놀랍지 않나요?

앞서 소개한 뉴트리아는 토종 생물인 삵의 먹이기도 해요. 삵은 다른 고양잇과 동물과는 달리 물을 좋아해서 주로 하천 주변에서 사는데, 이곳은 뉴트리아의 서식지이기도 하죠. 삵은 먹이사슬의 최상위에 있는 육식동물입니다. 주로 밤에 활동하며 먹이를 직접 사냥해요. 대체로 설치류와 작은 새, 물고기 같은 조그만 동물을 먹지만 때로는 오리, 기러기, 갈매기 같은 커다란 동물을 잡아먹기도 해요. 심지어 사슴이나 고라니, 멧돼지 새끼나 두루미도 잡을 수 있을 만큼 사냥 실력이 뛰어납니다. 삵은 가끔 고양이도 사냥합니다. 삵이 고양이보다 덩치가 커서 가능한 일이죠. ❷ 삵은 뉴트리아의 천적이 되어 뉴트리아의 개체 수를 줄이는 데 큰 역할을 했어요. 뉴트리아는 고기 맛이 좋고 움직임도 둔해서 타고난 달리기 선수인 삵에게 좋은 먹이가 되었어요. 다리가 짧은 뉴트리아는 물에서는 빠르지만 육상에서는 느리거든요. 과학자들은 삵의 배설물을 연구해 삵이 사계절 내내 뉴트리아를 잡아먹는다는 것을 알게 되었답니다.

꽃매미에 대해 들어 봤나요? 중국에서 건너와 중국매미라고도 부르는 꽃매미는 우리나라 농가의 배나무, 포도나무, 복숭아나무 등에 어마어마한 피해를 주었습니다. 그런데 시간이 흐르면서 토종 생물인 꽃매미벼룩좀벌이 꽃매미의 천적이 되었습니다. 2015년에 꽃매미벼룩좀벌이 꽃매미의 알을 먹어 치운다는 것이 처음 알려졌어요. 2018년에는 꽃매미벼룩좀벌을 대량으로 키우는 일에 성공해 꽃매미의 번식을 막는 데 활용하고 있습니다. 따라서 더 이상 꽃매미 때문에 농장이 피해를 받는 일은 생기지 않게 되었어요.

그런데 외래종과 천적 관계로 밝혀진 토종 생물들은 왜 그 외래종을 바로 공격해 잡아먹지 못했던 걸까요? 외래종을 먹이로 인식하는 데 시간이 걸리기 때문입니다. 새로운 생물을 접하면 처음에는 낯설어 피하고 멀리합니다. 그러다가 우연히 몇 번 잡아먹은 것을 계기로 차차 먹잇감으로 인식하게 됩니다. 시간이 약인 셈이죠. 그렇다고 시간에만 의존해 생태계가 입는 피해를 방치하고 있을 수만은 없습니다. 외래종 유입을 막을 방법과 외래종의 천적을 찾는 연구가 꾸준히 이루어져야 합니다.

토종 생물과 생물 다양성을 지켜야 하는 이유

지금까지 살펴본 것처럼 외래종은 토종 생물의 생존을 방해해 생물 다양성을 감소시킬 우려가 있습니다. 생물 다양성은 생태계를 보호하기 위해 꼭 유지해야 합니다. 주변의 친구나 사람들을 살펴보면 생김새, 체질, 성격 등이 모두 다르죠? 달팽이를 보더라도 개체마다 껍데기의 무늬와 색이 다른 것을 관찰할 수 있어요. 그 이유는 달팽이마다 유전자가 다르기 때문입니다.

모든 생물은 유전적 다양성이 높아야 환경 변화에 잘 적응할 수 있고, 멸종할 가능성이 줄어듭니다. 2020년부터 전 세계를 공포로 몰아넣은 코로나19 바이러스의 대유행만 보아도 알 수 있습니다. 같은 공간에 있었더라도 누구는 확진 판정을 받고, 누구는 감염되지 않죠. 또한 바이러스에 감염되었더라도 별다른 증상이 없거나 빠르게 낫는 사람도 있고, 위중증 환자로 분류되어 병원에 입원해 오랜 기간 치료를 받는 사람도, 안타깝게 사망하는 사람도 있습니다. 완치 판정을 받더라도 오랫동안 후유증으로 고생하는 사람도 있죠. 유전적 다양성 덕분에 바이러스가 크게 유행하는 환경에 처했어도 인류가 한꺼번에 죽는 대멸종은 일어나지 않습니다. 예상치 못한 환경 변화에도 많은 사람이 살아남을 수 있는 것이죠.

지구환경은 대륙과 해양의 분포, 위도, 계절에 따라 달라집니다. 그래서 지구에는 삼림, 초원, 하천, 갯벌, 해양, 사막, 농경지 등 여러 가지 특성을 지닌 생태계가 존재하죠. 생태계가 다양할수록 생물이 다양한 환경에 적응할 기회를 얻게 되어 유전적 다양성과 종 다양성이 높아집니다. 반대의 경우도 마찬가지예요. 생물의 활동으로 생태계가 변화해 다양성이 함께 높아질 수 있게 됩니다.

생물 다양성이 감소하면 지구는 어떻게 될까요? 이와 관련한 일화 하나를 들어 볼게요. 1870년 어느 미국인이 우연히 자메이카 바나나를 수입했습니다. 당시 바나나는 미국에서 사치품으로 취급받을 만큼 비싼 과일이었죠. 바나나를 원하는 미국인이 많아지면서 더 많이, 더 싸게 바나나를 생산하려는 농장이 늘어났어요. 이윽고 과테말라 국토의 80퍼센트, 온두라스 국토의 50퍼센트가 넘는 열대우림을 밀어내고 바나나 농장을 개발하기에 이르렀죠. 이렇게 만들어진 대규모 농장에서는 단 한 종의 바나나만을 재배했습니다. 장거리를 운반해도 망가지지 않을 만큼 단단하며 진한 맛과 달콤한 향을 가진 '그로 미셸'이라는 종의 바나나였습니다. 그로 미셸은 2차 세계대전 무렵까지 전 세계에 공급되다가 '바나나 암'으로 통하는 파나마병이 크게 유행하면서 1960년대부터는 재배하지 못하게 되었습니다. 그로 미셸을 대신하게 된 바나나는 '캐번 디시'라는 품종입니다. 우리가 주로 먹는 바나나가 바로 캐번 디시예요. 그로 미셸보다 맛도 없고 상품 가치도 떨어지지만 파나마병에 저항성을 가졌다는 이유로 구원투수처럼 등장했죠. 그런데 1980년대 대만에서는 변종 파나마병 때문에 캐번 디시의 70퍼센트가 말라 죽어 버린 사건이 있었습니다. 전 세계에서 거의 한 종만을 재배하고 있으니 바나나의 유전적 다양성은 부족하다고 할 수 있습니다. 환경의 변화에 잘 적응하지 못한다면 지구의 바나나는 앞으로 큰 위기를 겪게 될지 모릅니다.

바나나를 통해 우리는 ❸ 생물종이 다양하지 못하면 위험하다는 사실을 알 수 있습니다. 유전자가 같은 종이 감염병 유행과 같은 환경 변화를 계기로 한꺼번에 전멸할 수 있는 것이죠. 적은 비용으로 쉽게 재배할 수 있다거나 상품 가치가 높다는 이유만으로 한 가지 작물이나 가축만을 키우게 되면 어떤 일이 벌어질까요? 당장은 이익을 얻을 수 있지만, 그 종에게 위험한 질병이 유행하면 큰 피해가 생길 수 있습니다. 아무리 생명력이 강하고 유전자가 우수하더라도 마찬가집니다. 종 다양성이 떨어지면 새로운 환경에 대처하지 못하고 사라질 확률이 매우 높아집니다.

남획으로 멸종한 동물

토종 생물을 잡아먹는 외래종뿐만 아니라 경제적 이익을 얻기 위한 인간의 활동도 생태계를 무너뜨리고 있습니다. ❹ 인간이 생물을 마구 잡는 것을 **남획**이라고 해요. 남획 또한 생물 다양성을 해치는 커다란 요인입니다.

동화책에 자주 나와서 친근한 동물인 코뿔소는 이제 야생에 5종밖에 남지 않았습니다. 2011년 국제자연보존연맹(IUCN)은 서아프리카의 검은코뿔소가 멸종했다고 밝혔습니다. 현재 자바코뿔소는 10마리밖에 남지 않았고 수마트라코뿔소는 200마리가 남아 있습니다.

지구에 단 2마리만 남은 북부흰코뿔소에 대해 알고 있나요? 2018년에 마지막 북부흰코뿔소 수컷이 죽으면서 〈마지막 코뿔소〉라는 다큐멘터리 영화가 만들어졌습니다. 원래 제목은 〈The Last Male on Earth〉입니다. '지구상의 마지막 수컷'이라는 뜻인데, 마지막 수컷이란 딱 하나 남은 수컷 코뿔소를 가리킵니다. 마지막 수컷 코뿔소의 이름은 '수단'으로, 아프리카 케냐의 자연보호구역인 올페제타에 살았습니다. 자연보호구역은 인간의 남획으로부터 생물을 보호하기 위해서 만들어진 구역입니다. 수단의 존재는 전 세계에 널리 알려졌습니다. 마지막 수컷이기에 수단의 죽음은 곧 북부흰코뿔소의 멸종을 뜻했기 때문입니다. 이런 수단을 보기 위해 세계 각국에서 관광객이 찾아왔습니다. 수단은 큰 덩치에 순한 얼굴을 하고 있어서 인기였습니다. 자연보호구역에서는 밀렵꾼들에게서 수단을 지키기 위해 갖은 노력을 기울였습니다. 무장 경호원까지 동원해 24시간 보호해 왔죠.

수단은 2018년에 45세가 되었습니다. 코뿔소로서는 매우 많은 나이여서 치료를 해도 가망이 없을 정도로 쇠약해졌습니다. 살아 있는 것 자체가 너무나 큰 고통이었기에 수단은 안락사로 삶을 끝내게 되었습니다. 이로써 수단과 함께 살던 암컷 2마리가 지구에 마지막으로 남은 북부흰코뿔소가 되었습니다. 2022년에 32세가 된 '나진'은 수단의 딸이고 '파투'는 나진의 딸입니다.

북부흰코뿔소의 씨가 말라 버린 가장 큰 원인은 중국과 베트남 등 동아시아 국가에서 벌인 남획입니다. 동아시아에서는 북부흰코뿔소의 뿔이 값비싼 약재로 거래되고 있는데, 15킬로그램에 무려 1억 원이 넘습니다. 특히 중국에서는 이 코뿔소의

멸종위기에 처한 북부흰코뿔소

뿔을 '서각'이라고 부르며 몸에 좋다는 이유로 마구잡이로 사들이고 있습니다. 가난한 아프리카의 사냥꾼들은 큰돈이 걸려 있는 코뿔소의 뿔을 얻기 위해 위험을 무릅쓰고 목숨을 건 불법 사냥을 멈추지 않았습니다.

북부흰코뿔소의 평균 수명은 약 40~50년입니다. 앞서 소개했듯 현재 남아 있는 북부흰코뿔소는 모두 암컷뿐이라서 새끼를 가질 수 없습니다. 그래서 과학자들은 파투에게서 난자를 채취한 다음 미리 냉동 보관한 북부흰코뿔소의 정자로 배아를 형성해 암컷 남부흰코뿔소에게 이식하는 방식으로 번식을 시도

하고 있어요. 북부흰코뿔소를 멸종위기에서 벗어나게 할 방법을 매우 어렵게 연구하고 있는 것이죠. 이처럼 북부흰코뿔소의 멸종은 바로 우리의 코앞에 다가와 있습니다.

인간의 무분별한 남획으로 멸종위기에 처했거나 이미 멸종한 생물은 얼마나 많을까요? 완전히 사라져서 더는 볼 수 없는 생물로는 도도새, 큰바다쇠오리, 사막쥐캥거루, 태즈메이니아늑대, 양쯔강돌고래 등이 있습니다. 1681년에 멸종한 도도새의 사연을 들어 볼까요? 1598년 네덜란드 선원들이 인도로 항해하던 중 아프리카 남동부에 있는 모리셔스섬에서 도도새를 처음 발견했어요. 비둘기목에 속하는 도도새는 크기가 1미터였고 몸무게는 무려 20킬로그램이 넘었습니다. 사람이 섬에 발을 디디기 전까지는 누구의 간섭도 받지 않고 이름처럼 '도도하게' 살고 있었죠. 도도새는 사람을 전혀 두려워하지 않았고 무거운 몸으로 잘 날지도 못해서 아주 잡기 쉬운 사냥감이 되고 말았어요. 그뿐만 아니라 사람이 데려온 돼지나 원숭이가 도도새의 알과 새끼들을 먹어 치웠습니다. 마침내 발견된 지 100년도 채 되지 않아 도도새는 멸종하고 말았습니다.

❺ 우리나라에서는 반달가슴곰과 사향노루가 멸종위기에 처해 있어요. 반달가슴곰의 쓸개와 사향노루의 뿔이 건강과 정력에 좋다고 알려져 계속 남획된 탓입니다. 전래동화에 단골로

등장하는 늑대와 호랑이도 대표적인 멸종위기 1급 동물입니다. 그래도 2020년 6월에 한 동물원에서 토종 호랑이 5마리가 자연 번식으로 태어났다는 반가운 소식이 있었습니다. 야생이 아닌 동물원에서 태어났다는 사실이 조금 씁쓸하기는 하지만요.

국제 사회에서는 멸종위기 동물을 보호하려는 노력을 펼치고 있습니다. 미국에서는 1973년에 '야생동물보호협약(CITES, 사이테스)'을 체결했습니다. 우리나라도 1993년에 이 협약에 가입해 멸종위기종을 엄격히 관리하고 있어요. 그럼에도 많은 사람이 동물 남획을 멈추지 않고 있습니다. 가죽의 문양이 멋있고 질이 좋다는 이유로, 건강에 좋다는 뿔과 상아로 돈을 벌고자 하는 욕망으로요. 이에 따라 멸종위기 동물은 계속 늘어나고 있습니다.

생물 다양성을 지키기 위한 노력

지구에 존재하는 척추동물 중 97퍼센트가 인간(30퍼센트)과 인간이 키우는 가축(67퍼센트)입니다. 야생동물의 비율은 3퍼센트밖에 되지 않습니다. 육식을 위해서 인간은 너무나 많은 열대 우림을 가축을 키우는 공간으로 만들어 버렸습니다. 서식지를 잃은 많은 생물은 멸종의 길로 접어들었고, 이는 생물 다양성의 감소로 이어지고 있습니다. 지구 생물은 수억 년이 넘는 세월 동안 진화해 현재 생태계의 구성원이 되었습니다. 모든 생물은 서로 밀접한 관계를 맺고 살아가므로 생태계를 안정적으로 유지하는 데 중요한 역할을 합니다. 특정 종이 사라져 생물 다양성이 낮아지면 생태계 균형이 쉽게 깨지고, 생태계 균형이 깨지면 인간을 비롯한 모든 생물의 생존이 위협받게 됩니다.

생물 다양성은 인간에게 큰 혜택을 줍니다. 우리는 다른 생물로부터 식량, 의복, 의약품 등 다양한 자원을 얻어 살아가요. 쌀, 밀, 콩, 옥수수, 소, 돼지, 닭 등의 동식물은 소중한 식량 자원입니다. 우리는 목화에서 면을, 누에고치에게서 실크를 얻고, 오리와 거위, 양 등의 동물에게서 얻는 털로 따뜻한 겨울옷을 만들죠. 의약품도 다른 생물에게서 얻습니다. 푸른곰팡이에서는 항생제 페니실린을, 버드나무 껍질에서는 아스피린 성분을 추출해 사람의 생명을 살립니다. 이 외에도 자연은 인간에게 휴식 장소와 문화 공간을 제공하기도 해요. 생물의 유전자도 가치 있는 자원입니다. 몇몇 생물의 유용한 유전자를 다른 생물의 몸속으로 삽입해 병충해에 강한 농작물을 만들 수도 있고, 사람의 유전자를 치료할 수도 있어요. 대장균을 이용해 당뇨병을 치료하는 인슐린을 만들기도 합니다.

생물 다양성을 잘 보존한다면, 생명공학 기술이 발달한 미래에는 인류의 생명을 구할 수 있는 귀중한 생물 자원을 더 많이 발견할 수 있을 것입니다. 오늘날 전 세계는 생물 다양성을 보존하기 위해 함께 고민하고 있습니다. 세계 여러 나라에서 지구상의 생물종을 보호하기 위한 생물다양성협약(CBD)을 체결했고, 이 협약을 발표한 5월 22일을 '생물 다양성의 날'로 지정해 기념하고 있답니다.

30초 복습 퀴즈

배운 내용을 찬찬히 떠올리며 아래 빈칸을 채워 보세요.

❶( ) 유입과 인간의 남획으로 생물 다양성이 줄어들고 있다. 생태계에 새로운 종이 들어오면 기존 생태계의 균형은 깨지게 된다. 외래종 때문에 ❷( )이 무너지거나, 한 서식지 안에서 ❸( )이 심해지기도 하고, 새로운 ❹( )이 번지는 일도 생긴다. 생물종이 다양하지 못하면 ❺( )가 똑같은 종은 한꺼번에 감염병에 걸려 전멸할 수 있다.

정답 ❶ 외래종 ❷ 먹이사슬 ❸ 종간 경쟁 ❹ 전염병 ❺ 생물종

과학자들은
왜 대멸종을
경고하나요?

30초 예습 퀴즈

대멸종에 대해 얼마나 알고 있는지 OX 문제를 풀어 보세요.

➊ 한꺼번에 많은 수의 생물이 죽는 것을 대멸종이라고 한다.　(O , X)

➋ 지금까지 있었던 다섯 번의 대멸종 중 가장 큰 규모의 멸종은
　4차 대멸종이다.　(O , X)

➌ 공룡 대멸종의 가장 유력한 원인은 운석 충돌이다.　(O , X)

➍ 화산재로 뒤덮인 지구환경에서 공룡은 밤눈이 어두워
　멸종했다는 주장이 있다.　(O , X)

➎ 인간이 사용하는 화석연료는 6차 대멸종을 앞당기는
　원인으로 지목되고 있다.　(O , X)

46억 년 전 탄생한 지구에서는 총 다섯 번의 대멸종이 있었습니다. 더 이상의 대멸종은 없는 걸까요? 안타깝게도 지금 새로운 대멸종의 징후들이 나타나고 있습니다.

최근 이상기후 때문에 폭설과 폭우, 산불과 화산 폭발, 한파와 폭염 등이 지구 곳곳에서 일어난다는 뉴스를 부쩍 자주 접하게 되는데요. 과학자들은 이 같은 현상들이 새로운 대멸종의 전조 증상이라고 분석하고 있습니다. 6차 대멸종이 이미 다가오고 있다고 입을 모아 경고하고 있죠. 6차 대멸종은 정말 현실이 될까요? 대멸종을 늦출 방법은 없는 걸까요?

빙하기가 반복된 1차 대멸종

멸종이란 생물 한 종이 완전히 사라져 버리는 것으로, 생물이 급변한 환경에 적응하지 못하거나 다른 생물 집단과의 경쟁에서 질 때 일어납니다. ❶ 특히 여러 생물종이 한꺼번에 멸종하는 것을 **대멸종**이라고 합니다. 대멸종은 지질 시대를 구분하는 중요한 기준이 되기도 하고 진화의 방향을 바꾸기도 하며 새로운 생태계를 만들어 내기도 합니다.

1차 대멸종은 지금으로부터 4억 4,000만~4억 5,000만 년 전 고생대 오르도비스기에서 실루리아기로 넘어갈 때 일어났어요. 다섯 번의 대멸종 중 규모로는 두 번째로 크며 생물종의 85퍼센트 이상이 사라진 어마어마한 사건입니다. 도대체 1차 대멸종은 왜 일어난 걸까요?

오르도비스기가 시작될 무렵 적도 부근에 있던 대륙이 현재의 남극 부근까지 이동했습니다. 이에 따라 대륙은 점차 추워졌고 나중에는 대륙 전체가 얼어붙어 버렸죠. 대륙을 뒤덮은 얼음은 태양복사에너지를 반사해 더욱더 온도를 떨어뜨렸어요. 거기에 더해 바다에서 광합성을 하는 해조류가 급격히 많아져 이산화 탄소를 어마어마하게 흡수했습니다. 그러자 이산화 탄소 농도가 낮아져 지구를 따뜻하게 하는 온실효과도 함께 줄어들었습니다. 지구 온도가 떨어지자 오르도비스기 내내 따뜻한 바다에 적응했던 생물들은 심각한 타격을 받을 수밖에 없었죠.

연구에 따르면 오르도비스기 말에 빙하기가 최소 다섯 번은 있었다고 해요. 기온이 무려 다섯 번이나 급변하면서 1차 대멸종의 가장 큰 원인이 된 것입니다.

고생대	캄브리아기	5억 4,100만 년 전	
	오르도비스기	4억 8,800만 년 전	1차 대멸종
	실루리아기	4억 4,400만 년 전	
	데본기	4억 1,600만 년 전	2차 대멸종
	석탄기	3억 5,900만 년 전	
	페름기	2억 9,900만 년 전	3차 대멸종
중생대	트라이아스기	2억 4,500만 년 전	4차 대멸종
	쥐라기	1억 9,960만 년 전	
	백악기	1억 4,500만 년 전	5차 대멸종
신생대	팔레오기(고제3기)	6,600만 년 전	
	네오기(신제3기)	2,300만 년 전	
	제4기	180만 년 전	

대멸종이 일어난 시기

지구 역사상 최악의 대멸종

다섯 번의 대멸종 중 세 번의 대멸종이 고생대에 몰려 있습니다. 그중 ❷ 고생대 말 페름기에 있었던 3차 대멸종의 규모는 모든 대멸종 중에서 가장 컸습니다. 과학자들은 2차 대멸종의 원인을 소행성 충돌로 추정하고, 3차 대멸종의 원인을 지구의 화산 활동으로 추측하고 있어요. 과거 지구 대륙은 '판게아'라는 이름을 가진 하나의 대륙이었습니다. 이 판게아가 여러 대륙으로 갈라지면서 점차 오늘날의 형태로 자리 잡게 되었습니다. 대륙이 분리되던 2억 6,000만 년 전, 중국 쓰촨성과 러시아 시베리아에서 매우 오랜 세월 동안 화산 활동이 일어났습니다. 무려 100만 년 동안요. 그로 인해 어마어마한 양의 용암이 분출했죠. 이를 증명하듯 지금도 시베리아에는 **시베리아 트랩**이라는 용암 대지가 드넓게 펼쳐져 있답니다. 이곳은 용암이 식어 생성된 검은색의 현무암 지대로, 그 두께는 무려 400미터~3킬로미터에 달하며 넓이는 유럽 대륙과 견줄 정도예요. 다시 말해 한라산 높이(1,950미터)의 현무암 덩어리가 유럽 대륙만큼 넓게 퍼져 있다는 뜻이죠.

100만 년 동안의 화산 활동으로 뿜어져 나온 엄청난 화산재는 오랜 기간 햇빛을 차단해 기온을 뚝뚝 떨어뜨렸습니다. 지구의 물은 얼기 시작했고, 얼어 버린 강물이 바다로 흘러가지 못하면서 해수면은 점점 낮아졌죠. 이에 따라 수많은 바다 생물이 멸종했습니다. 용암 분출과 함께 뿜어져 나온 화산 가스에는 수증기와 이산화 탄소뿐만 아니라 이산화황이나 일산화질소와 같은 유독한 가스가 섞여 있었습니다. 화산 가스는 비에 녹아 산성비를 뿌렸고, 이 산성비는 바다 생물과 땅 위 식물의 멸종을 더욱 앞당겼습니다.

화산재가 모두 가라앉자 화산 가스에 포함된 온실가스가 지구의 온도를 다시 높였습니다. 용암은 석회암과 석탄에 포함된 탄소와 반응하면서 엄청난 양의 이산화 탄소와 메탄을 발생시켰습니다. 그래서 냉각화 이후 지구 온난화가 바로 시작된 것입니다. 이처럼 격렬한 환경의 변화로 지구 생물종의 95퍼센트 이상이 사라졌습니다. 95퍼센트가 멸종했다는 것은 100마리 중 95마리가 죽었다는 뜻이 아닙니다. 생물 100종이 있었다면 95종이 전멸한 것은 물론 나머지 5종도 대부분 죽고 겨우겨우 극소수만이 살아남았다는 뜻입니다. 엄청난 규모의 3차 대멸종이 상상이 좀 되나요?

화산재 때문에 발생한 냉각화와 이어진 온난화, 그리고 급격한 산소 감소로 페름기의 3차 대멸종은 지구 역사상 최악의 대멸종이 될 수밖에 없었습니다.

공룡이 사라진 이유

5차 대멸종은 중생대 말 백악기에 일어났습니다. 우리가 익히 잘 알고 있는 공룡 대멸종의 시대이기도 해요. 3차와 4차 대멸종을 거치면서 지구의 산소 농도는 뚝뚝 떨어졌어요. 하지만 몸속에 공기주머니를 많이 갖고 있었던 공룡은 산소가 부족한 환경에서도 잘 살 수 있어서 공룡의 시대를 열 수 있었습니다. 공룡은 무려 1억 6,000만 년이라는 기나긴 시간 동안 번성했습니다. 그런데 찬란했던 공룡 시대는 왜 갑자기 막을 내렸을까요? 지구상 최상위 포식자로 전성기를 누린 공룡이 갑자기 사라진 것은 정말 미스터리였기에 과학자들은 오랜 기간 그 이유를 밝히기 위한 연구를 해왔습니다. 공룡이 멸종한 이유에 관한 가설은 아주 다양하게 쏟아져 나왔으나 대부분은 설득력을 잃고 잊혔어요.

❸ 현재까지 학계의 정설로 인정받는 공룡 멸종의 이유는 운석 충돌설입니다. 운석은 지구 중력권 안으로 들어온 혜성, 소행성, 또는 유성체(행성들 사이에 떠 있는 암석 조각)가 타고 남은 잔해예요. 당시 운석이 충돌한 지점은 멕시코와 과테말라를 잇는 유카탄반도입니다. 운석이 떨어진 중생대 백악기 말에는 북아메리카와 남아메리카가 이어지지 않아 당시 유카탄반도는 바

다녔습니다. 여기에 거대 운석이 지구 표면에 충돌한 흔적이 있는데 이를 **칙술루브 분화구**라고 부릅니다. 칙술루브 분화구의 넓이는 무려 180킬로미터에 깊이는 20킬로미터로, 지름이 10~15킬로미터가 넘는 운석이 충돌해야 생기는 크기라고 합니다. 또한 운석이 일으킨 충격은 핵폭탄 10억 개가 한꺼번에 폭발한 정도와 맞먹는다고 해요. 최근 과학자들은 이 운석의 정체를 밝혀냈는데, 태양계의 해왕성 너머에 분포한 소행성대인 '오르트 구름'에서 온 것으로 추정합니다.

운석 충돌로 생기는 피해의 크기를 키우는 가장 결정적인 요인은 운석이 떨어지는 각도입니다. 유카탄반도에 떨어진 운석은 가장 큰 피해를 낳는 45~60도의 각도로 떨어졌습니다.

운석이 충돌하자 매우 뜨거운 운석 파편들이 수없이 여기저기로 튀어 비처럼 내렸습니다. 파편은 충돌 지점에서 수천 킬로미터 떨어진 곳까지 퍼져 나갔습니다. 이 파편을 맞은 동식물은 화상을 입었고 숲에는 불이 붙어 활활 타올랐습니다. 운석이 일으킨 충격은 지진의 강도를 나타내는 리히터 규모가 10에 맞먹을 정도로 매우 강했기에 지표면에 뿌리를 박지 않은 모든 생물은 몸이 수 미터 튕겨 올랐다 떨어지기를 반복했습니다. 공룡들은 목과 다리, 척추가 부러지고 두개골이 깨졌습니다. 충격파 때문에 지진과 해일, 화산 폭발이 도미노 현상처럼 이어지고 그로 인해 생물들이 죽었습니다. 화산 먼지가 대기로 방출되어 햇빛을 완전히 차단하고 기온은 점점 떨어졌습니다. 햇빛이 없어 식물은 광합성을 하지 못하고 죽어 갔습니다. 이에 따라 먹이가 없어진 초식 공룡들이 멸종하기 시작했고, 초식 공룡을 잡아먹던 육식 공룡도 그 뒤를 이어 멸종하고 말았습니다. 이처럼 운석 충돌로 먹이사슬이 붕괴되어 중생대 생물종은 공룡을 비롯해 75퍼센트가 사라졌습니다. 고양이보다 큰 육상동물은 거의 모두 사라지게 되었죠.

운석 충돌설의 명백한 증거는 칙술루브 분화구 말고도 또 있습니다. 바로 이리듐 농도가 높은 퇴적층입니다. 이리듐은 소행성이나 혜성의 파편인 운석에 주로 많이 포함된 원소로, 지구 지층에는 매우 드문 원소입니다. 그런데 6,600만 년 전인 백악기 말에 형성된 지층에서 이리듐이 유난히 많이 발견되었어요. 다른 시대에 만들어진 지층에서 발견되는 것보다 몇백 배 이상 높은 농도로요. 따라서 과거에 엄청난 규모의 운석 충돌이 있었다고 추정할 수 있습니다. 공룡이 멸종한 이유에 대한 매우 설득력 있는 증거인 셈이죠.

과학자들은 백악기 말의 퇴적층을 분석한 끝에 이리듐이 쌓인 시간이 20년 이내라는 것을 알게 되었습니다. 이는 대기로 올라간 운석 파편들이 만든 먼지가 20년 이상 떠 있지는 않았다는 것을 뜻합니다. 즉 5차 대멸종이 20년 이내에 끝났다는 것이죠.

미국 타니스 지역에서는 많은 동식물과 퇴적물이 뒤섞인 독특한 지층이 발견되기도 했습니다. 운석이 부딪힌 충격으로 대규모 해일이 일어나면서 바닷물이 지표면을 쓸고 나가 형성된 지층으로 추정됩니다. 과학자들은 이 퇴적층에서 추출한 물고기 화석의 가시가 지닌 독특한 성장선 구조와 형태를 근거로 당시 지구 생물이 모두 봄에서 여름으로 이어지는 시기에 죽었다고 보고 있습니다.

공룡은 백악기 말 마지막 봄을 보내고 모두 멸종했습니다. 여기에서 이런 의문이 들지는 않나요? 이런 악조건 속에서 왜 공룡만 모두 사라지고 포유류는 살아남을 수 있었을까요? 모두에게 열악한 환경이었을 텐데 말이죠. 이에 대해 아주 흥미로운 가설이 하나 있습니다. ❹ 공룡은 밤눈이 어두웠기 때문에 멸종했다는 주장입니다. 운석 충돌로 생긴 먼지 때문에 어두워진 지구에서 한 치 앞도 제대로 볼 수 없었던 공룡은 먹이를 제대로 찾지 못해 멸종했지만, 포유류는 진화한 시각 세포 덕에 밤에도 먹이를 찾을 수 있어서 살아남을 수 있었다는 것이죠. 여러분의 생각은 어떤가요?

공룡의 멸종은 끝이 아니라 또 다른 시작이었습니다. '포유류의 시대'가 열렸기 때문이에요. 크기가 작아 민첩하고 잘 숨을 수 있었던 포유류는 운석 충돌과 화산 폭발 이후 오히려 살아남기 유리했습니다. 공룡이라는 천적도 사라졌으니 포유류는 신생대에 들어 빠른 속도로 번성할 수 있었습니다. 공룡이 멸종했기에 우리 인류도 지구에 나타날 수 있었다고 볼 수 있죠. 대멸종이 어떤 생명체에게는 또 다른 기회가 될 수 있다는 뜻입니다.

우리에게 경고를 보내는 대멸종 징후들

모든 대멸종의 끝은 원래 상태로 돌아가는 회복입니다. 원래 상태로 돌아가야지만 또 다른 대멸종이 가능해지는 것이죠. 이렇게 지구환경이 회복되기 위해서는 오랜 시간이 필요합니다. 최악의 대멸종인 3차 대멸종 이후 지구의 생물 다양성과 생태계가 회복되는 데는 수천만 년이 걸렸습니다. 다른 대멸종을 겪었을 때도 그 기간보다는 짧지만 꽤 긴 시간이 걸렸죠. 1차 대멸종 이후에는 회복에 최소 500만 년이 필요했고, 2차 대멸종 이후에는 200만 년이 소요되었죠. 5차 대멸종 이후에도 생태계가 회복되는 데는 신생대 팔레오기 절반가량이 필요했습니다.

대멸종 후 회복의 첫 단계는 식물과 식물성 플랑크톤이 다시 살아나고, 이들과 공생하는 곤충과 세균의 종류가 다양해지면서 개체 수가 늘어나는 것입니다. 단순히 생물의 수만 늘어나는 것이 아니라 생물끼리 상호작용을 하며 생물 다양성을 높이는 과정이기에 매우 오랜 시간이 걸립니다. 각 생물은 시행착오를 거쳐 몇백 년 만에 되살아나게 되었습니다.

대멸종 시기에 살아남은 극소수의 생물들에게는 몇 가지 공통점이 있습니다. 모두 많이 먹지 않아도 되고, 움직임이 활발하지 않으며, 생존에 필요한 산소량이 적은 생물이었어요. 생존하는 데 많은 조건이 필요하지 않을수록 잘 살아남을 수 있었던 것이죠. 이런 생물들은 대멸종이 끝난 후 텅 빈 지구환경에서도 빨리 뿌리를 내려 생존할 수 있었습니다.

다섯 번의 대멸종 시기에는 몇 가지 공통된 징후가 있었습니다. 오늘날 지구에서도 서서히 경고의 사이렌을 울리고 있는 징후들이에요. 그중 하나가 바로 산소 농도의 감소입니다. 산소 농도의 감소는 특히 해양 생태계와 덩치가 큰 동물에게 치명적입니다. 몸집이 큰 동물들은 산소가 풍부한 대기 속에서 진화했기 때문이죠.

산소 농도가 떨어지는 원인으로는 무엇이 있을까요? 우선 화산 가스에 들어 있는 황 성분이 꼽힙니다. 황 성분은 대기 중의 산소와 결합해 산소 농도를 떨어뜨리거든요. 두 번째로는 화산 폭발이나 지각 변동 때문에 바닷속에서 나오는 천연가스입니다. 산소는 이 가스와 결합해 이산화 탄소나 수증기가 됩니다. 세 번째로는 육지의 식물이나 바다의 식물성 플랑크톤이 멸종하는 현상이 꼽혀요. 식물과 식물성 플랑크톤은 산소를 만들어 내기 때문이죠. 네 번째는 인간의 활동에 의한 것으로 과거 대멸종 때는 없었던 새로운 요인입니다. 바로 화석연료예요. ❺ 화석연료 때문에 온실가스가 생기고 이에 따라 지구 온도가 상승하면서 6차 대멸종은 더 빠르게 다가오고 있습니다.

과거의 모든 대멸종은 식물성 플랑크톤과 동물성 플랑크톤이 사라지면서 시작되었어요. 지구 표면적의 3분의 2를 차지하는 바다는 육지보다 기후와 산소 농도의 변화에 더 민감합니다. 조금만 조건이 달라져도 멸종이 일어납니다. 먹이사슬 맨 아래에 있는 플랑크톤이 멸종하자 이들을 먹는 바다 생물들이 도미노처럼 연이어 멸종했습니다. 바다 생물은 육지 쪽 얕은 바다에 사는 산호초 주변에 주로 서식합니다. 이곳은 여러 가지 환경 변화에 민감합니다. 예를 들어 해수면이 낮아지면 바다가 갑자기 육지가 되는 황당한 상황이 펼쳐져요. 반대로 해수면이 높아지면 바닷물을 통과해 들어오는 햇빛의 양이 확 줄어들면서 해조류가 떼죽음을 당하기도 합니다.

또한 육지에서 흘러들어 오는 민물의 성분이 변하는 것도 바다 생태계에 큰 문제가 됩니다. 중금속이나 독극물이 들어 있는 폐수는 바다 생물들을 죽게 하죠. 특히 산호는 바다의 온도와 성분 변화에 매우 민감한 생물입니다. 산호가 하얗게 말라 죽는 현상을 **백화현상**이라고 해요. 산호가 죽으면 그 주변에 사는 바다 생물도 사라지게 됩니다. 한반도 바다에서는 백화현상 때문에 불가사리와 해파리 등 몇몇 생물만을 제외하고 바다 생물이 자취를 감춰 버리는 사막화가 빠르게 진행되고 있습니다. 사막화 현상은 이미 1970년대 말부터 나타났어요. 지금까지 동해에서는 60퍼센트, 제주와 남해에서는 30퍼센트 이상의 산호가 죽었다고 하니 정말 심각한 수준입니다. 미국의 자비스섬에서는 무려 95퍼센트의 산호가 죽었다고 합니다.

과거 대멸종 시기에 항상 나타났던 지구 온난화와 냉각화는 지금도 일어나고 있습니다. 미국 남동부에 있는 플로리다주는 겨울에도 20도를 넘나들 정도로 따뜻한 곳인데 2022년 2월에는 12년 만에 최악의 한파가 지속되면서 기온이 3도까지 뚝 떨어졌다고 해요. 나무에서 자던 이구아나들이 얼어붙어 네 다리를 허공에 뻗은 채 공원 여기저기에 떨어진 모습이 뉴스에 나오기도 했습니다. 매사추세츠주에서는 시속 120킬로미터가 넘는 눈보라 때문에 비행기가 멈추기도 했어요. 이곳에는 76센티미터 두께로 눈이 쌓일 만큼 폭설이 내려서 대규모 정전 사태도 발생했습니다. 따뜻해진 바다 때문에 눈 폭풍이 생긴 것이죠. 지구 온난화와 냉각화가 동시에 일어나는 풍경을 보니 대멸종이 바짝 다가왔다는 공포감이 밀려옵니다.

최상위 포식자의 멸종도 대멸종을 예고하는 징후입니다. 최상위 포식자란 먹이사슬의 가장 꼭대기에 있는 생물로, 이전 단계의 생물들에 비해 그 수가 극히 적지요. 한반도에서는 호랑이, 표범, 곰, 늑대 등이 해당하는데 이 동물들은 이미 멸종했거나 멸종위기에 처해 있습니다. 위기가 감지되는 곳은 한반도뿐만이 아닙니다. 시베리아호랑이, 벵골호랑이, 아프리카사자, 알래스카회색곰 등 최상위 포식자의 개체 수가 세계 곳곳에서 빠르게 줄어들고 있습니다. 이런 동물보다 더 위에 있는 생물이 있는데 무엇일까요? 바로 인간입니다. 6차 대멸종이 일어난다면 최상위 포식자인 인간도 멸종을 피해 갈 수 없습니다.

6차 대멸종을 막기 위해

2015년 전 세계 195개국은 파리기후변화협약을 맺었습니다. 이 협약을 통해 산업혁명 이후를 기준으로 지구 온도가 2도 이상 오르지 않게끔 힘을 모으기로 결의했죠. 전 세계가 함께 온실가스 배출량을 줄이자고 약속한 역사적 순간이었습니다. 산업혁명 이후 지구 온도는 150여 년간 0.85도 올랐습니다. 2도 상승까지 1.15도가 남은 셈이죠. 과학자들은 지구 온도가 6도 상승하면 6차 대멸종이 일어난다고 내다보고 있습니다. 2도까지는 완만하게 온도가 올라가지만, 그 지점을 지나면 나머지 4도 상승은 아주 가파른 속도로 이루어집니다.

지구 온도가 1도 오르면 폭염, 폭우, 홍수가 일어나고 1.6도 오르면 생물종의 18퍼센트가 멸종합니다. 우리는 이미 이러한 위기에 직면해 있습니다. 지구 온도가 2도 상승하면 어떻게 될까요? 지구 식량이 25퍼센트 줄어들고, 수자원이 부족해지면서 자원 확보를 둘러싼 국가 간 전쟁이 일어날 가능성이 높아집니다. 그리고 북반구의 영구동토 지역이 녹으면서 메탄가스가 나와 온실효과를 더욱 커지게 합니다. 이에 따라 빙하가 녹고 해수면이 상승합니다. 그러면 원래 빙하가 반사해 온 태양복사에너지가 지표면으로 고스란히 전달되어 지구 온도가 더욱 빠르게 오릅니다. 왜 2도를 넘어가면 급격히 온도가 올라갈 수밖에 없는지 이해가 되죠?

지구 온도가 2도 오르면, 앞서 언급한 이유들로 5~6도 이상의 온도 상승이 빠르게 일어나 6차 대멸종이라는 재앙을 맞이할 수밖에 없습니다. 지리적 특성에 따라 그 시기를 더 빨리

맞는 지역도 있을 것입니다. 그래서 2018년 인천에서 기후변화에 관한 정부 간 협의체(IPCC, 1988년 유엔과 세계기상기구가 기후변화에 대응하기 위해 설립한 회의)는 2도 상승조차 매우 위험하기 때문에 지구 온도의 상승 폭을 1.5도 이내로 막을 방법을 논의했습니다. 탄소 배출량을 2030년까지 2010년보다 45퍼센트 줄이고 2050년에는 탄소를 전혀 발생시키지 않는 방안을 만장일치로 채택했죠. **탄소중립**은 바로 여기서 나온 개념입니다. 현재 지구가 겪는 위기는 개인이 쓰레기를 줄이고 대중교통을 이용한다고 해서 해결되는 수준을 넘어섰습니다. 국가 차원에서 태양 전지, 태양열, 지열, 바람 등과 같은 재생에너지를 개발할 필요가 있습니다. 모두 화석연료를 대체할 수 있는 지속 가능한 에너지들이죠. 기업의 노력도 필요합니다. 다행히 재생에너지 100퍼센트 사용을 뜻하는 'RE100'을 실천하거나 참여 의사를 밝히는 기업이 점점 늘고 있습니다. 우리 각자도 육식보다는 채식을 하고, 일회용품 사용을 줄이고, 가까운 거리는 걷거나 자전거로 이동하고, 음식은 먹을 만큼만 덜어 그릇을 싹싹 비우고, 페트병을 버릴 때 라벨을 잘 떼어 낸다면 1.5도 상승을 막을 수 있지 않을까요?

1°C 상승	폭염, 폭우, 홍수 증가
1.6°C 상승	지구 생물 18% 멸종
2°C 상승	식량 생산 25% 감소
2.2°C 상승	지구 생물 24% 멸종
2.9°C 상승	지구 생물 35% 멸종
3.5°C 상승	해수면 7m 상승
6°C 상승	6차 대멸종

지구 온도가 상승하면 벌어지는 일

통계학적 분석에 따르면 지구 생물은 15분마다 한 종씩 멸종위기를 맞고 있습니다. 1마리가 아닌 한 종이에요. 우리가 사는 동네나 학교 주변에서는 느낄 수 없지만 지금도 많은 생물이 사라지고 있는 것이죠. 6차 대멸종은 인간의 끝없는 욕망 때문에 현실이 될 가능성이 빠르게 커지고 있습니다.

사회생물학자인 에드워드 윌슨은 '히포(HIPPO)'라는 말로 6차 대멸종의 이유를 정리했습니다. 다른 생물의 서식지(Habitats)를 인간이 침입(Invasives)하고, 80억 명에 달하는 어마어마한 인구(Population)가 지구를 오염(Pollution)해 다른 생물의 서식지를 빼앗고 있습니다. 인간은 거기에 그치지 않고 생태계를 과도하게 착취(Overexploitation)하고 있습니다. 이에 따라 많은 생물이 보금자리와 생명을 잃고 있어요. 윌슨이 제시한 히포는 끝없는 욕망을 지닌 인간에게 경고하는 듯합니다. 지구의 온도 상승을 막기 위해, 아니 우리를 위해 환경보호를 실천하고 이로 인해 생기는 불편함도 품고 안아야 할 때입니다.

30초 복습 퀴즈

배운 내용을 찬찬히 떠올리며 아래 빈칸을 채워 보세요.

46억 년 지구의 역사에서 총 ❶(   )번의 대멸종이 있었다. 공룡 대
멸종은 5차 대멸종으로, 중생대 백악기 말 일어난 ❷(   )이
원인으로 꼽힌다. 대멸종의 여러 전조 증상 중 하나로는 인간의 탄소 배출
이 늘어나면서 발생하는 지구 ❸(   )와 냉각화가 있다. 2018년
기후변화에 관한 정부 간 협의체에서는 산업혁명 이후를 기준으로 지구 온
도의 상승을 ❹(   )도로 억제하고, 2050년까지 탄소 배출량을 0으
로 줄이는 ❺(   )을 실천하는 방안을 만장일치로 채택했다.

참고자료

도서·잡지

- 김경태·김추령 지음,《지구 생활자를 위한 핵, 바이러스, 탄소 이야기》, 단비, 2022

- 김남길 지음, 마이신 그림,《나무가 자라야 사람도 살지!》, 풀과 바람, 2015

- 김미정·임현구 지음,《한 번만 읽으면 확 잡히는 중등 생명과학》, 한언출판사, 2021

- 김시준 외 지음,《멸종》, MID, 2014

- 김웅진 지음,《생물학 이야기》, 행성B이오스, 2015

- 노태희 외 지음,《중학교 과학 3》, 천재교육, 2021

- 로라나 지아르디 외 지음, 자우 그림, 이주희 옮김, 《우리가 꼭 알아야 할 생물다양성 그림 백과》, 머스트비, 2013

- 로버트 A. 월리스 지음, 이광웅 옮김, 《생물학》, 을유문화사, 2010

- 문동현 외 지음, 《감각의 제국》, 생각의길, 2016

- 박종현 지음, 마그 그림, 《생명과학을 쉽게 쓰려고 노력했습니다》, 책미래, 2019

- 심규철 외 지음, 《통합과학》, 비상교육, 2017

- 아이뉴턴 편집부 엮음, 《생물 다양성》, 아이뉴턴, 2011

- 엄안흠 지음, 《슐라이덴이 들려주는 식물 이야기》, 자음과모음, 2010

- 에드워드 오스본 윌슨 지음, 권기호 옮김, 《생명의 편지》, 사이언스북스, 2007

- 엘리자베스 콜버트 지음, 이혜리 옮김, 《여섯 번째 대멸종》, 처음북스, 2014

- 이광렬 지음, 《신기하고 특이한 식물 이야기》, 오늘, 2014

- 이나가키 히데히로 지음, 김선숙 옮김, 《싸우는 식물》, 더숲, 2018

- 이흥우 지음, 《엥겔만이 들려주는 광합성 이야기》, 자음과모음, 2010

- 임태훈 외 지음, 《중학교 과학 2》, 비상교육, 2021

- 임태훈 외 지음, 《중학교 과학 3》, 비상교육, 2021

- 조천호 지음, 《파란하늘 빨간지구》, 동아시아, 2019

- 최재천 지음, 《개미제국의 발견》, 사이언스북스, 1999
- 최현석 지음, 《인간의 모든 감각》, 서해문집, 2009
- 캐서린 쿨렌 지음, 황신영 옮김, 《천재들의 과학노트 1》, 지브레인, 2015
- 폴커 아르츠트 지음, 이광일 옮김, 《식물은 똑똑하다》, 들녘, 2013
- 프랭크 H. 헤프너 지음, 윤소영 옮김, 《생각하는 생물》, 도솔, 1993
- 한영식 지음, 《윌슨이 들려주는 생물 다양성 이야기》, 자음과모음, 2012
- 황신영 지음, 《린네가 들려주는 분류 이야기》, 자음과모음, 2010
- 황신영 지음, 쌈팍 그림, 《생물 다양성 이야기 33가지》, 을파소, 2010
- Benjamin A. Pierce 지음, 전상학 옮김, 《유전학의 이해》, 라이프사이언스, 2017
- Dee Unglaub Silverthorn 지음, 고영규 옮김, 《인체생리학》, 라이프사이언스, 2017
- Lisa A. Urry 외 지음, 전상학 옮김, 《캠벨 생명과학》, 바이오사이언스, 2022
- Scott F. Gilbert 외 지음, 전상학 옮김, 《발생생물학》, 라이프사이언스, 2018
- Stuart Ira Fox 지음, 박인국 옮김, 《생리학》, 라이프사이언스, 2020

기사

- "6600만 년 전 공룡 멸종시킨 소행성은 태양계 가장 먼 곳에서 날아왔다", 동아사이언스, 2021.2.15
- ""공룡들의 마지막 봄"…공룡대멸종 칙술루브 소행성 봄에 충돌", 연합뉴스, 2021.12.13
- "무역 선박-쓰나미 타고 온 외래종, 토종 생물 위협", 동아사이언스, 2017.10.13
- "성균관대 윤환수 교수 연구팀, 엽록체 진화 미스터리 광합성 아메바 연구로 규명", e대학저널, 2021.2.1
- "영화 '유리정원'처럼 사람에게 엽록체 이식할 수 있을까", 동아사이언스, 2017.10.27
- "외래종 거북, 친환경적으로 잡는다", 동아사이언스, 2021.02.13
- "[이정모의 자연사 이야기] 사람도 파리도 오징어도… 생존 위해 눈을 만들었다", 중앙선데이, 2015.1.18

단번에 개념 잡는 생물과 생태계

8가지 핵심 질문으로 빠르게
마스터하는 중학 과학의 기초

초판 1쇄 2022년 10월 28일

기획편집 원경은 김지연 차언조 양희우 유자영 김병수 장주희
마케팅 최지애 현승원
디자인 이성아 박다애
운영 최원준 설채린

펴낸곳 도서출판 다른
출판등록 2004년 9월 2일 제2013-000194호
주소 서울시 마포구 양화로 64 서교제일빌딩 902호
전화 02-3143-6478 **팩스** 02-3143-6479 **이메일** khc15968@hanmail.net
블로그 blog.naver.com/darun_pub **인스타그램** @darunpublishers

ISBN 979-11-5633-507-8 44000
      979-11-5633-399-9 (세트)

* 잘못 만들어진 책은 구입하신 곳에서 바꿔 드립니다.
* 이 책은 저작권법에 의해 보호를 받는 저작물이므로, 서면을 통한 출판권자의
  허락 없이 내용의 전부 또는 일부를 사용할 수 없습니다.